公益叢書
第四輯

東日本大震災後の
公益をめぐる企業・経営者の責任

現代公益学会編

文眞堂

巻頭言

公益の専門的・総合的研究の必要
―現代公益学会の創設4年目を迎えて―

　現代公益学会は、本年、創設4年目を迎えました。ただし学会としての創設は今から2年前の2014年7月でした。それに遡って、前年の2013年3月に、私どもは公益研究センターを発足させ、1年間は、センターとして活動しました。その活動の上に次のより高いステージに向けて新しい学会に踏み出したのでした。その意味では、学会はこれまで3年間活動し、今年で4年目に入ったことになります。

　思い起こすと、学会の創立大会の場は成城大学でした。2年前の7月12日、その成城で第1回研究会を兼ねて創立総会が開催されました。創設の記念講演には公益認定等委員会委員長代理の雨宮孝子先生にお願いしました。会長には佐竹正幸（元東北大学教授・最初の公益認定等委員会委員長代理）、副会長には大森真紀（早稲田大学教授）、境新一（成城大学教授）の3氏が就任されました。

　新しい学会の目ざすところは、形式的な大会よりも地道な研究会を開催すること、そしてありきたりの年報・機関誌ではなく単行本形式のしっかりした叢書を刊行することでした。これまで叢書としては『東日本大震災後の公益法人・NPO・公益学』、『東日本大震災後の公益学と労働組合』、『東日本大震災後の協同組合と公益の課題』の3冊を文眞堂から刊行し、今回第四輯『東日本大震災後の公益をめぐる企業・経営者の責任』の刊行に漕ぎ着けたところです。

　日本では、公益の用語および活動の歴史は意外に古いものがあります。公益の用語にしても、その使用は平安時代に遡ります。明治に入ると、近代的な法令にも公益の用語が登場するようになります。例えば、大日本帝国憲法を先頭

に、民法、森林法などにみられます。特に民法第34条は公益法人の設立を定めていますが、同時に公益の原則も規定していることから、戦前・戦後をとおして公益を考えたり、研究したりするにも拠り所となってきました。

　また思いがけないところでも、公益は活用されてきました。例えば足尾鉱毒事件における反対運動のリーダー田中正造が一貫して運動の拠り所にしたのは、憲法と公益の理念でした。実際に、『田中正造全集』にも公益の用語はいたるところに見られるほどです。

　そのような足跡をたどってきた公益ですが、現代においては、公益の役割や位置はかつてに比べて格段に高くなっています。競争原理・市場原理の社会では、公的努力のみでは、社会的矛盾、差別、不公平、貧困、災害などは十分には抑制・排除が効きません。どうしても民による公益の理念と活動が必要になっています。実際に、公益が広く行き渡り、定着した国ほど、豊かで、安定・公平も、また安全・安心も行き渡った社会といえるほどになっています。

　しかるに、長い間公益の歴史や現状、また公益法人、NPO法人、公益事業等を専ら対象とし、総合的に研究する学問や学会は存在しませんでした。そこで、私どもは15年程前、公益学の構築を訴え、日本公益学会を結成しました。ところが、ほどなく公益法人改革や東日本大震災後の公益をめぐる新しい動向に対応するには、古い殻を脱する新しい学会の必要を痛感せざるをえなくなりました。

　そこで、目標や課題認識を一つにする研究者で、改めて「現代公益学会」を創設することになりました。公益を学として深め、究めるには、既成の組織では無理と判断した研究者たちの決断でした。また市民化・日常化、あるいは地域化を求められている公益法人やNPO法人、また関連の団体や活動の課題や動向に適切に対応し、成果を上げ、蓄積するには、既存の組織にない積極的な挑戦と地道な研究が必要と考えたからでもありました。

　かくして、創設4年目を迎えて、本学会は発足時の目標や精神を忘れずに、研究をさらに深め、公益学の構築に向けて前進する所存であります。

2016年9月

現代公益学会

目　　次

巻頭言　公益の専門的・総合的研究の必要
　　　　―現代公益学会の創設4年目を迎えて―……………現代公益学会

特集：東日本大震災後の公益をめぐる企業・経営者の責任

第Ⅰ部　公益からみた企業・経営者の課題

第1章　公益に対する企業・経営者の位置と責任
　　　　―戦前と戦後の変遷―………………………………小松隆二

　はじめに―公益と個人・企業・公益法人 ………………………… 5
　1. 公益・公益活動と企業・経済活動 ……………………………… 7
　2. 戦前と戦後にみられる公益に対する経営者の役割の変化 ……11
　3. 現代とは異なる戦前の公益経営者の事例 ……………………15
　おわりに―日本の企業・経営者の公益活動にはなお遅れが目立つ ………20

第2章　渋沢栄一の公益活動
　　　　―国民外交との関連を中心として―……………………片桐庸夫

　はじめに ……………………………………………………………23
　1. 渋沢の公益観 ……………………………………………………23
　2. 渋沢の国民外交（その1）………………………………………27
　3. 渋沢の国民外交（その2）………………………………………30
　おわりに ……………………………………………………………34

第3章　郵政事業と公益 ……………………………………足立盛二郎

　はじめに ……………………………………………………………38

1. 郵政事業とは何か……………………………………………………38
2. 郵便事業と公益………………………………………………………42
3. 郵便局金融サービスと公益…………………………………………45
4. 郵便局受託業務と公益………………………………………………51
おわりに……………………………………………………………………53

第4章　中小企業と公益性……………………………………三井逸友

はじめに……………………………………………………………………56
1. 企業の社会的責任論と公益性………………………………………57
2. 近年の起業者と社会性公益性意識、社会的企業…………………59
3. 中小企業の協同組織と公益性………………………………………61
4. 中小企業の後継者たちの思いとこころざし………………………63
おわりに……………………………………………………………………66

第Ⅱ部　問われる企業の責任と公益

第5章　企業の社会的責任（CSR）をめぐる国際的枠組み
―労働分野を中心として―……………………………大森真紀

はじめに……………………………………………………………………71
1. CSRの展開……………………………………………………………72
2. 民間における取組み…………………………………………………75
3. 日本におけるCSR……………………………………………………77
おわりに……………………………………………………………………79

第6章　本業を通じたコーズ・リレーテッド・マーケティング
―CSVの修正による「企業と社会の関係」の再考―……世良耕一

はじめに……………………………………………………………………83
1. 企業と社会の関係……………………………………………………84
2. CSVの自前主義の修正の必要性……………………………………87
3. CSVの修正による「本業を通したCRM」の必要性………………90

おわりに ……………………………………………………………… 98

第7章　公益法人の不祥事に対する企業経営の活用 ………… 中村元彦
　はじめに ……………………………………………………………… 102
　1.　公益法人の現況 ……………………………………………… 103
　2.　公益法人における不祥事事件 ……………………………… 107
　3.　今後の方向性について――公益法人のガバナンスと情報開示 ……… 110
　おわりに ……………………………………………………………… 112

第8章　企業の公益性とは何か
　　　　　――東芝不正会計事件の検証―― ………………………… 北沢　栄
　はじめに ……………………………………………………………… 114
　1.　「不適正会計」から「不正会計」へ ………………………… 114
　2.　業績の急悪化 ………………………………………………… 116
　3.　利益水増しの巧妙な手口 …………………………………… 118
　4.　迷走の真因 …………………………………………………… 120
　5.　ガバナンス体制はなぜ崩壊したか ………………………… 123
　6.　上意下達の企業風土 ………………………………………… 126
　7.　土光敏夫の経営哲学 ………………………………………… 127
　おわりに ……………………………………………………………… 129

第Ⅲ部　公益の視角――企業経営と生活・福祉

第9章　福祉労働の現実とステークホルダー ………………… 安田尚道
　はじめに ……………………………………………………………… 135
　1.　職種別賃金の階層化と社会福祉 …………………………… 135
　2.　公的介護保険と準市場システム――介護報酬をめぐって ……… 138
　3.　ステークホルダーの利害の均衡 …………………………… 140
　4.　介護労働の構造とジェンダー ……………………………… 142
　おわりに ……………………………………………………………… 144

第10章　風評被害と企業
―公益と私益の視点から― ……………………上野伸子

はじめに …………………………………………………………… 147
1. 風評被害と企業―これまでの視点 ……………………………… 148
2. 企業が受ける現代の風評被害 …………………………………… 149
3. 企業の風評被害の実態 …………………………………………… 152
4. 風評被害に対する企業の対応 …………………………………… 153
おわりに―私益から公益の理念へ ………………………………… 157

第11章　地域包括ケアにおける日本のプライマリケア
―英国のGPとの比較を中心に― ……………………山路憲夫

はじめに …………………………………………………………… 161
1. なぜ日本のプライマリケアは立ち遅れたのか ………………… 162
2. 国民皆保険後の医療制度改革はどうなったか ………………… 164
3. 英国のGP制度から何を学ぶか ………………………………… 168
4. 日本の地域包括ケアでプライマリケアをどう構築するのか ………… 172

あとがき ……………………………………………………………大森真紀

資料 ……………………………………………………………………… 181
　現代公益学会　活動報告
　現代公益学会　会則
　公益叢書発刊の辞（第一輯）
　公益叢書第一輯〜第三輯の紹介

執筆者紹介

特集

東日本大震災後の公益をめぐる
企業・経営者の責任

第Ⅰ部
公益からみた企業・経営者の課題

第1章

公益に対する企業・経営者の位置と責任
―戦前と戦後の変遷―

はじめに―公益と個人・企業・公益法人

　公益および公益活動は、現代社会を特徴づける最も象徴的な事象の1つである。

　現代社会では、社会保障など国家の施策も進んでいるが、それで問題がすべて解決するわけではない。むしろ、生活の向上と共にさらにより高いレベルの水準や内容を求めるので、民による他を思いやる公益の理念と活動の援用なしには、真の豊かさ、ゆとり、平等、安全・安心の実現は難しくなっている。欧米諸国はその典型で、それだけに公益には積極的に対応している。

　近年は、企業や経営者も、公益に無関心・非協力では社会的な評価を得られなくなっている。企業や経営者は、自由競争とはいえ、社会的存在である以上、何をやっても良いというわけではない。彼らも、公益以前に、社会的規範や法規を遵守しなくてはならない。不正経理、欠陥商品・不良品の販売、顧客の弱みにつけこむ商取引、不法な利益の取得等には関係しないという最低限の約束事を厳守することは、経営者・経済人の基本的な責務である。そのレベルをさらに一歩引き上げて取り組むのが、自分、自社、営利のためを超えて、みんなのために動く公益の理念と活動である。

　実際に、現代にあっては社会のより良い調和や安全・安心は、自由競争や国の社会保障等の施策を超えて、民間の公益・公益活動の理念と活動の参加・協力なしには十分には達成できなくなっている。また、かりに経営者が起業で成功しても、あわせて社会貢献など公益活動も行なわないと、経営者としての社会的認知・評価を受けることができないほどである。その点は、欧米、とりわ

けアメリカ合衆国では顕著にみられる動向である。

　もちろん、公益の理念や活動は、現代に至って初めて出現したわけではない。むしろ、公益・公益活動の遅れてきた日本でも、公益の歴史は古い。公益の用語は、平安時代から使用されているし、公益活動となれば、もっと古く人間が社会を形成した時から始まっている。自分を超える思いやりこそ、他の生き物・動物と人間を区別し、人間を人間たらしめる最も重要な属性の1つだからである。ただし、現代ほど公益が大きな位置・役割を占める時代・社会はこれまではなかった。その意味で、公益および公益活動は、現代に最も象徴的な事象と言ったのである。

　現代の公益・公益活動は、多様な領域に及び、また多様な種類、方法、主体・担い手からなりたっている。例えば、ごく身近でも、1人ひとりの善意やサービスから実行される善行（ボランティア活動）や小さな親切のように、お金も組織も無しに取り組める活動がいろいろの場でみられる。それが公益・公益活動の原点にもなる。それに対して、巨大な組織や資金を要する活動もみられる。全国的活動・国際的活動はもちろん、地域の活動でも多数が対象になれば、個人でできる公益活動は限られる。

　大地震の被災に対する活動を考えても、1人ひとりの善意・ボランテイアで参加・協力できる活動から、巨大な組織と資金無しには不可能な活動まである。

　公益活動・公益事業の主体・担い手をみても、太平洋戦争前は、経営者、地主ら資産家が中心であった。労働者・農民は公益サービスの対象とはなるが、継続的・日常的にサービスを提供する主体になることはきわめて限られていた。

　しかし、戦後は、新憲法の下で社会保障体制が確立すると共に、国民は健康で文化的な最低限度の生活を権利として保障され、一般市民も公益活動の主体・主役になる条件は用意された。実際に、一般市民が公益・公益活動の主体・担い手に次第に躍り出てくる。むしろ、資産家が主要な主体となる時代は過去のものになっていく。

　それに、現代においては公益・公益活動の主要な主体は、個人であるよりも、公益法人、NPO法人など専門的法人となっている。全ての市民・国民が主体

になりうる時代に入っているとしても、全体を総合的にみれば、公益法人やNPO法人が主要な主体であるのが現実である。公益・公益活動の日常化・市民化も進んでいるが、同時に専門化・高度化も進んでいるということである。

にもかかわらず、公益法人等だけでは社会や地域のニーズの全てに応えることは不可能である。特に日本の場合、公益法人やNPO法人にも明快な力量不足、とりわけ財政の脆弱性がみられる。そこに、財力・資金力のある企業・経営者の公益の領域・課題への参加・協力要請が時代とともに高まっているのである。

ただ、企業・経営者には公益以前に姿勢を正すべき問題がまだ残り続けていることは、前述の通りである。例えば、最近のみでも粉飾決算・不正経理、欠陥マンション・欠陥部品の販売、廃棄処分扱い食品の横流し・転売など不法・不正、あるいは生命・安全軽視という、あってはならない行為も発生している。経済活動の原点・基本からもはずれており、経済活動以前の犯罪に近い行為でさえある。

これらの倫理原則の遵守は、公益以前の問題で、企業・経営者の最低限の責務である。公益・公益活動は、その上で課題になり、取り組まれるものである。

1. 公益・公益活動と企業・経済活動

(1) 公益の理念と競争原理・強制原則

公益とは、〈みんなの益〉〈全体の益〉の意味である。それも、1人ひとり、あるいは1つひとつの組織が自らを超えて、他を思いやることが出発点となる。ただ「他」といっても、自らの身内ではなく、不特定多数が対象となる。例えば、自らの足下や周辺の地域やまちから始まり、やがて全国、さらには世界にも及ぶ。その出発点は、足下の、あるいは身近にある小さな親切、善行(ボランティア活動)である。

公益・公益活動は、他を思いやることが原点なので、自らのために営利・儲けを上げる理念や活動ではない。また競争のような勝ち負けに走り、製造・販売・売り上げ、また営利・儲け等を競いあったり、他を駆逐したり、時には上下関係を形成したりする市場原理・競争原理とは基本的には相いれない。さら

にまた公益・公益活動は、義務、あるいは強制・命令の下で行われるものでもない。あくまで自由に、任意に、自発的に行われるものである。

　市場・競争原理に則る企業は、まだ開業早々で不安定な時や恐慌時には、極端な場合は、競争相手がつぶれようと、あるいは取引先、さらには顧客にまで迷惑をかけようと、利益をあげ、生き延びようとすることもある。他を思いやるような公益の原理・理念が入りこむ余地のないことも珍しくない。そこまでは行かなくても、ともかく企業・経済活動は、単純に言えば、市場の競争に打ち勝って、コスト以上に売り上げを伸ばし、利益を上げることを目的にしている。だから、利益を上げるように商品の価格が設定されていても、顧客が喜べば、企業活動も公益であるとか、儲け・利益をあげても税金を払うのだから、企業活動も公益であるという主張は通らない。

　そうはいっても、企業も経済活動も、法的に認められ、社会的に守られる以上、最低限の倫理や社会的制約・規範は伴う。例えば、法定以下の劣悪な労働条件を提供しない、不良品・欠陥品の販売をしない、嘘・偽りの情報は流布しないなどの最低限のルールは、全ての企業・経営者が守るべき基本・原則である。

　これらは、第1段階の配慮・遵守事項というべきもので、守るのが当然の最低限の規範であり、責務となる。それを守ったからといって、優秀であるとか、公益に寄与したとかいうことではなく、むしろ公益以前の経営者としての最低限の責務である。公益というのは、その上の第2段階の配慮・政策であって、利益を公益に回すなど、任意ながら、経営者の明快で自発的な方針・決断があって初めて動き出すものである。法的な強制・義務とは無関係である。それが公益・公益活動なのである。

　その際、企業・経営者が、公益の出発点になる思いやりから具体的な公益活動に進み出るのは、ある段階で自然にそうなるのではない。経営陣の方針や決断をもって始まるのである。それも、自発的に、任意に決められる。あらかじめ公益性が経済活動に内在しているものではないし、また強制、命令、義務で行われるものでもない。だから、法律などで義務とされるもの、従わなければ罰せられる類のものは、結果としては社会やみんなの役に立つとしても、公益とは言わない。

税金も公益という人がいるが、税金のように憲法で「国民の義務」と定められ、それに従わなければ各種法律で罰せられることが規定されているようなものは、公益とは言わない。現に企業も個人も、税金に関しては如何に合法的に軽くするか、うまく行くのなら逃れようと、対策を練ることも常である。国際的にも、課税に寛大な税金天国・租税回避地（タックスヘーブン）に資産・資金を移し、自国の高い課税を逃れる各国の首脳・指導的人物まで存在することは、良く知られている。最近、税金天国の1つ中米パナマの法律事務所の文書が流出、報道されて、大騒ぎとなっていることは、周知のとおりである。

　公益・公益活動は、できたら逃れようなど考える類のものではない。厭でも参加を強制されるものでもないし、嫌なら参加を取りやめればよいだけのことである。税金の場合は、公金であれば、国民・社会全体のために使われるのは当然で、だから徴収された税金が国民全体のために使われようと、それが義務・強制である限り、公益とはいわない。

　このように公益・公益活動は、社会や国にとって、とりわけ安全・安心、幸福、豊かさ、公平さなど、より良い国・よりよい社会づくりにとっては、不可欠である。公益はなくても、レベルや水準を問わなければ、社会や国は成り立ちうるし、貧富の相違などはあっても、最低限の生活は可能である。

　しかし、より良い暮らし、豊かで、快適で、公平・平等な暮らしの達成には、市民による公益活動、さらにより良い暮らしづくり・まちづくりへの参加が不可欠である。とりわけ、市民の中でも、経営者の参加・協力が期待されるのも、またその結果公益・公益活動が大きく拡大するのも、現代社会の特徴である。そこに至ると、公益法人など公益を目的・専門とする法人・団体が数、位置、役割を強化、拡大するが、それらのみか、協同組合や労働組合、さらには企業・経営者まで第1段階の社会的責務といえる遵守事項を守るのは当然ながら、それを超えて、第2段階の社会貢献など公益活動にも自主的に、かつ積極的に関わるのが欧米でみられる現代的状況である。

（2）　公益に対する企業・経営者の論理と位置

　国家や社会における公益の位置や役割は、時代と共に変化する。時の経過と共に公益・公益活動の位置や役割は広がり、大きくなってきている。その公益

の位置や役割の関連で、よく問われるのは、公益に対する企業・経営者の関わりであり、また企業・経営者の位置や役割である。歴史的にも、そのことはしばしば問われてきたし、現在は、かつてよりも、さらに強い関心を持って問われている。

　それは、企業・経済活動が資本主義社会の根幹に位置しているからということだけではなく、歴史的にみても、資本主義の初期において公益活動の主体となったのも、また経済の発展とともに登場する公益法人の時代において、その主要な担い手になるのも、企業・経営者であり、また地主等の資産家であった。すべての国民が公益活動の主役になれるようになった現代においても、企業・経営者の参加・協力・支援なしには、専門の公益法人・NPO法人等は継続的・安定的に公益活動を全うできなくなっている。それだけにまた、企業・経営者の公益における位置・役割を問うことが、現代における公益とは何かを問うことにもつながるのである。

　くり返すように、企業・経営活動そのものは、営利活動であり、公益活動とはいえない。如何に顧客が喜ぶ商品をつくったり、販売したりしても、市場原理に基づく営利活動であれば、公益活動とはいえない。経済・経営活動が自動的に公益活動に結びつくわけではない。経営者が公益に向かう新しい姿勢・方針を決断することなしには基本的には企業の公益活動は始まらない。

　企業は、企業活動・経済活動から得た収益や資産の一部を公益活動・公益事業にまわす経営者の決断・決定を経ることによって、初めて公益と関わることになる。何の決断もなく、収益が自然に、機械的に公益に転化されるわけではない。例えば、経営者の方針で、企業が収益や資産の一部を地域や社会に、あるいは大震災などの被害・被災の救援に寄付すれば、その部分は、間違いなく公益活動である。経営者が所有している株式や資産を寄付して、公益法人を組織するのも、公益活動の始まりである。経済・企業活動が自動的に公益活動に結びつくわけではない。また利益・私益が機械的に公益に転化するわけではない。

　それにしても、企業・経営活動は巨大なものが多く、公益・公益活動に関わるようになれば、社会や地域に貢献する部分・規模も大きい。欧米のみでなく、日本でも、公益法人を組織する最大の母体は、行政機関・官公機構と共に、企

業・経営者、地主、資産家であった。当然、資金や資産を潤沢にもっているのも、行政機関を除けば、企業や経営者等の資産家である。営利から生み出される資金や資産は、公益に回す資金や資産としては最も依存しやすい。営利から生み出された資金や資産は、必ずしも公益に回されるわけではないが、そのような資金・資産があれば、公益活動の元になる基金・資金にはなりうるのである。

　そのような意味で、かつても公益を論ずるときには、企業や経営者の公益に対する位置や役割の検討・検証を避けて通ることができなかった。同じように、現代に至っても、公益を論ずるときには、企業や経営者のことを無視することはできない。とりわけ現代になると、企業・経営者も、公益なり地域・まちなりとの関わりを強く意識せざるを得なくなるので、公益を論ずるとき、これまで以上に企業・経営者を避けては通れなくなっている。それほど企業・経営者の役割が資本主義社会の発展と共に、一層大きくなっているということでもある。

2. 戦前と戦後にみられる公益に対する経営者の役割の変化

(1) 一部の経営者から全ての経営者が関わる時代へ

　企業は、経済・経営原則に沿い、市場でまず自らが生き、存続すること、さらに利益をあげることを基本原則、そして目標にしている。競争原理の市場に乗りだす以上、まず勝ち残らなくてはならない。営利や存続の可能性はあらかじめ十分に調査・検討して取り組んだとしても、実際に経営を行なえば、困難や破綻に遭遇することを完全に回避できるという保障はない。ましてや公益を基本・原則とするような会社は成り立ちえないが、もし一時的に存続できたとしても、競争社会では長くは生きてはいけない。

　しかし、企業・経済活動が公益に全くつながりがないというわけではない。企業も、公益に関わること、公益の理念・原理を経営活動に取り入れ、活用することは可能である。時には公益を経済・経営活動にプラスに活用することも可能である。その際は、経営者に、公益に対する理解・協力姿勢が必要である。経営者の意思や方針に関係なく、経済活動・営利から自動的に公益活動が

生みだされるのではない。経営者に公益に対して理解、協力する姿勢があれば、利益・収益が上がった時には、経営方針に沿って、社会や地域に還元したり、公益法人・NPO法人等に寄付したりすることは可能である。あくまで企業経営の存続が可能な範囲内、また経営と公益が調和できる範囲内にではあるが、企業が公益に貢献することは、経営者の姿勢・方針によって可能になるのである。

　時代や社会・国によっては、公益に熱心な企業や経営者が広く出てくることもある。欧米のみか、日本でも太平洋戦争前には、そのような経営者の輩出や状況が目立つほどにみられた。戦前は、国は国民の生活に国家の責任・国民の権利を認めなかった。国民の生活は基本的には個人責任であった。生活保護法に先行する法律（恤救規則、救護法等）はあっても、国の義務・国民の権利として実施されたものではなかった。

　そのような時代には、労働者・国民の権利は弱い。貧富の差も大きく、社会問題も拡大している。それに補充的に対応したのが、開明的経営者、地主、資産家たちとその公益活動であった。実際に、公益の経営者と言われた人たちが意外に多く輩出した。そのように貧富の差・不公平が広がっている時代・社会には、経営者など資産家や富めるものに寄付や社会貢献を期待・要請する雰囲気のようなものが形成されることもよくみられる。ただし、全ての経営者や企業にではなく、主にある程度以上の経営者や企業に対してである。広く多くの企業を巻き込むのではなく、巨大企業・大規模経営者中心に向けられた動きであった。

　例えば、恐慌時、あるいは米騒動のような社会状況の時には、財閥や巨大な資産家が急ぎ公益法人を結成したり、寄付を増やしたりしたことがみられた。中小企業を含んで広範に多くの企業・経営者を巻き込んだわけではなく、あくまでも大規模・巨大な企業・経営者中心の動きであった。その場合でも、寄付や公益法人の結成はあくまでも任意、自由である。

　太平洋戦争後になると、国は、新憲法に従い、国民に「健康で文化的な最低限度の生活」を権利として認め、社会保障や社会福祉の法律・制度を導入した。最低限度の健康で文化的な生活の保障が国民の権利・国家の義務となり、実際にもある程度生活が保護・保障された。また公共施設、道路などの建設に

国・自治体が責任を負うようになった。その結果、経営者、地主、資産家の役割が大きく変わることになった。戦前、彼らが責務に近い意識で行なった貧民や被災者の救援・救済、公共施設・公共事業への寄付・貢献は不要となった。それらを基本的に国・自治体が担うようになるからである。

ただ、進んだ近代国家においてほど、時代と共に自主的な公益・公益活動の役割が重視され、公益法人、NPO法人等の地位が高くなってきている。日本も次第にその仲間入りをしつつある。そのような時代の変化と共に、企業・経営者の公益に対する関係・役割も従来以上に広く大きく期待されようになる。そこで、改めて企業・経営者の公益・公益活動に対する姿勢が問われることになっているのである。

(2) 公益経営者の3つのタイプ

公益法人、NPO法人等公益法人・公益団体は、各法人の基金・基本金による運用益と寄付・会費によってまかなわれることが基本である。しかし、戦後日本の公益諸法人の場合、所有する基金・基本金の規模が小さい上、特にバブル崩壊以降は長期にわたって低金利・低利子が続いたことで、運用益が当てにできないほど少額であった。しかも寄付文化が確立していないので、公益諸法人はいずれも苦しい運営・活動を強いられてきた。そこで期待されたのが、経営者でも、自らも公益活動に関わったり、公益活動の支援に熱心であったりした公益経営者である。

日本の経営者でも、公益に深く関わった人は決して少なくない。とりわけ太平洋戦争前には、財閥など経済規模の巨大な企業中心に多くの経営者が公益に関わった。全国レベルでも、各地方・地域レベルでも、必ず公益を重視する地主と共に経営者が存在したものである。彼ら公益経営者は、社会事業、文化・教育事業、公共事業などへの寄付・貢献を日常化した。それによって、公益文化・寄付文化が成立したかのような状況も現出していた。どの地域にも、巨大地主・経営者によって奨学財団・団体が組織されるなど、経営者の一類型として公益に積極的に関わる公益経営者を位置づけうるほどであった。

「日本のロバート・オウエン」と言われる佐久間貞一、「公益を掲げた経営者」と言われる小林富次郎、「右手にハンマー・左手に聖書」と言われる本間俊平、

公益団体の役員の肩書が数えきれないほどの渋沢栄一や森村市左衛門、岡山孤児院と特に強い関わりをもち、地域文化にも貢献した大原孫三郎、公益団体や地域に無数の寄付・貢献を行なった安田善次郎、藤原銀次郎、根津嘉一郎、大倉喜八郎らは、特によく知られている。それ以外にも、公益法人を組織した企業や経営者は、数えきれないほどである。

　以上の動きからみて、経営者には、一般的には助成・補助・救済など資金や施設・設備などの寄付を中心に行う寄付と助成型経営者が多い。この点は、戦前と戦後でも変わらない。次に、少数ながら現場で実践したり、政策・方針の修正や改革、新規の提言などを訴えたりして、自らも活動する実践型がいる。さらに、その両方に取り組み、関わった寄付と実践の双方型経営者もいる。

　戦前でみれば、第1の寄付・助成型には、施設や資金の寄付を目立つほど行なっている安田善次郎、大倉喜八郎、藤原銀次郎、根津嘉一郎、旧財閥系経営者らがいる。また各地の地主や経営者等が学校や地域の公共施設の建設、災害の被災に援助・寄付をするのは広くみられた。

　第2の実践型には、生活や権利の国による保護・保障の弱かった戦前にあっては、明治時代など近代の初期ほど、低劣な政策の改善や改革を迫る要求は、労働者など下からよりも、インテリゲンチャや経営者が代わって要求・提言する場合が少なくなかった。労働者の保護・権利、労働組合の支援を実践した佐久間貞一、出獄者の更生保護を実践した本間俊平らがいる。他に社会主義、足尾鉱毒事件、文化事業等を理解、支援した逸見斧吉（逸見山陽堂）、相馬愛蔵・黒光（中村屋）らもこの部類に入れてよいであろう。

　第3の双方型には、資金などの寄付も行い、同時に一歩踏み込んで社会事業（福祉）施設等でのサービス・実践も継続的に行なった渋澤栄一、小林富次郎、森村市左衛門、大原孫三郎らがいる。

　経営者が公益活動に対応する場合は、どうしても寄付・助成型が圧倒的に多くなる。特に戦前は、寄付文化が成立している印象を与えるほど広範囲にみられた。例えば、大学・学校、社会事業（福祉）施設・活動への寄付、学校の校舎など地域の公共施設の建設への寄付は、現在よりも広く実行されていた。財団法人などとして活動している各地の社会事業関連の施設や活動から、寄付の要請があれば、大方の財閥や大手企業の経営者は応じていた。国家の公共事業

への対応の遅れ、民間の施設・事業への公的保護・保障の欠落がみられた時代には、民間の公益団体・活動も、学校など地域の公共施設の建設も、経営者や地主などによる寄付に依存する部分が少なくなかったのである。

3. 現代とは異なる戦前の公益経営者の事例

(1) 公益活動で優れた足跡を標した経営者——その① 佐久間貞一

　公益経営者でも、寄付・助成型の経営者は、どの時代にもみられる。ただ、戦前には戦後と違う特徴的な動きがみられた。それは、労働者など底辺に位置していた階級・階層に対し、生活条件の改善や地位・権利の向上を身をもって支援した経営者もいたこと、また社会事業団体・運動のような福祉事業に直接関わり、支援した経営者もいたことである。上記の第2あるいは第3の類型で、実践型経営者あるいは双方型として分類した人たちである。そこからは、歴史に残るほど重要な役割を演じた経営者を見出すこともできるほどである。以下に、その実践型ないしはそれに近い経営者のうち、忘れることのできない代表的な人物として佐久間貞一、小林富次郎、本間俊平を紹介することにする。

① 佐久間貞一（1848－1898年）

　佐久間貞一は、現在の大日本印刷株式会社の前身・秀英舎の創業者である。それよりも、彼は下層階級と言われ、低劣な地位に置かれていた労働者の労働条件、地位や権利の保護・向上に、経営者ながら協力したことが忘れられない。そのような活動により、「日本のロバート・オウエン」「日本労働運動の慈父」と讃えられ、高く評価されている。

　佐久間は1848（嘉永元）年、江戸で生れた。武家の長男として幕末の混乱・混迷の時期には苦労を重ねた。明治維新期には20歳前後になっていたが、幕臣の子として上野の彰義隊にも参加した。そのあげく、敗残の身となって各地を転々と放浪したり、起業や就業で失敗を繰り返したりして、辛酸をなめた。

　ようやく1876（明治9）年に至り、協力者を得て、印刷会社秀英舎を創業した。幸い西洋式印刷の需要が拡大する時で、ベストセラーにもなるS.スマイルズ（中村正直訳）の『西国立志編』の印刷を受注するなど、時流に乗ること

ができ、成功する。その印刷業では、印刷会社・経営者の連携、印刷技術の改良・訓練（1891年に『印刷雑誌』を創刊）等にも貢献した。印刷業を柱に、図書、保険、信用組合、精米、移民など多様な事業にも進出。また牛込区議会議員、東京市議会議員も務めた。

　社長といっても、自らも活字を拾い、組むなど現場にも出て、労働者と一緒に働いた。従業員の処遇にも配慮した。その上で、労働時間の短縮・高賃金こそ、労働者の消費を促し、高品質の商品を生みだす、という独特の経済理論を主張した。実際に、自社でも労働時間の短縮、一時的とはいえ8時間労働制を導入する等労働条件の改善に努めた。自分の逗子の別荘を従業員に保養所として開放もした。あわせて工場法など労働者保護法制の必要を訴え、他方で労働者には労働組合の結成を支援した。また、足尾鉱毒事件では、山林乱伐という視点から古河鉱業を批判したり、田中正造に休養のため別荘を提供したりもした。あるいは日本鉄道会社の争議では、労働者側ではなく、会社側を批判したりした。

　彼は結核を病み、51歳の若さで生涯を終えた。葬儀には島田三郎はじめ、財界人、政治家、文化人など名士、労働者など4,000人が参列した。特に誕生して間もない労働組合の代表や組合員が仕事を休んでまで参列したのが注意を引いた。島田三郎が弔辞に「職工の良友」「其自ら営むところのもの皆社会の公益となれり」（前掲『佐久間貞一小伝』163頁）と公益の文字を使って敬愛の念を示した。また印刷工岸上克己は「我邦に於る最初の労働者の味方にして又最も有力なる労働運動者の一人」（前掲『佐久間貞一小伝』279頁）と、経営者なのに、「労働運動者」とまで言って讃えた。

　佐久間の没後刊行され、いずれも古典的名著と評価される横山源之助『日本之下層社会』（教文館、1899年）と片山潜『日本の労働運動』（労働運動社、1901年）の2著における佐久間の扱いも注目される。前者では、横山が自著を「故佐久間貞一先生ノ記念トシテ斯の書ヲ捧グ」と佐久間に献呈した。後者では、片山は、その最初の頁に労働者ではなく、経営者・佐久間の写真を「吾国労働界の先哲　佐久間貞一先生」と大きく掲げた（小松隆二『公益の時代』172-173頁、論創社、2002年）。

　かくして今日まで、佐久間は公益と理想を追い求めた経営者として、「日本

のロバート・オウエン」と称えられ、敬愛を受けてきた。

(2) 公益で優れた足跡を標した経営者―その② 小林富次郎と本間俊平
② 小林富次郎（1852－1910年）

　小林富次郎は、現在のライオン株式会社の創業者で、かつ寄付や社会事業施設の訪問などを通して多くの公益・社会貢献を行った。公益経営者を代表する1人である。小林の評価は、当時の宗教や社会事業領域の最高の指導者、例えば海老名弾正と留岡幸助の賛辞によく示されている。海老名は小林を「ソロバンを持つ聖者」と言い、後者の留岡は「法衣を着たる実業家」と評価している。

　小林は、1852年、父親の出稼ぎ先であった埼玉県与野町（現・さいたま市）で生まれた。しかし、5歳で郷里の新潟県柿崎町（現・上越市）の祖母の下に引き取られ、柿崎で育った。15歳になると、彼も祖母の下を離れ、父のいる与野に出稼ぎに出る。そこで、酒造業などいろいろの仕事に就いた。時には起業にも挑戦した。しかし、容易に成功せず、失敗を繰り返した。まさに七転八起の苦労を重ねた。

　ようやく1891年、石鹸の原料類、後には歯磨粉の製造・販売も業とする小林商店を創業して、成功を収めることができた。同商店は、後にライオン油脂、ライオン歯磨、さらにライオン株式会社に発展する。その頃（1888年11月）キリスト教の洗礼も受け、自ら街頭で説教・講話も行うほどになった。生活は質素、倹約で、豪華な住宅・別荘とは無縁であった。会社でも派手な社長室や机・ソファなども無く、従業員と一緒に動き回る経営者で通した。

　彼はまだ起業家として成功する以前から、少しでも余裕ができると、児童関係の社会事業施設に寄付を送ったり、施設訪問を行ったりしていた。会社が成功すると、さらに大きく寄付を行うだけでなく、従業員・労働者の訓練・教育・学習を支援したり、奨学金を用意したり、禁酒・禁煙運動を行ったりもした。社会事業施設では、留岡幸助の感化事業である巣鴨家庭学校（後の北海道家庭学校）や石井十次の岡山孤児院なども支援した。

　さらに会社の経済活動に公益の理念・方法を取り入れることもして、社会貢献の新しい方法も編み出した。その代表が慈善歯磨粉運動であった。アメリカの先例にヒントを得て、歯磨粉の販売に際して、その売り上げに応じて、15

分の1を社会に寄付する方式を工夫・実践した。その実施に際しての新聞広告には「公益」の用語を使って宣伝したほどであった。この事業の成功によって、一般市民にも特別の負担もなく、通常の生活で歯磨粉を購入するだけで、公益に寄与できる道を開くことになった。公益の日常化・市民化の第一歩であった。このような生き方が、没後、聖者のごとき経営者と、讃えられたのである。

③　本間俊平（1873－1948年）

　本間俊平は、宮大工などに従事した後、山口県秋吉台で大理石鉱山を経営した。そこに出獄者や道に迷った青年たちを受け入れ、彼らの更生に協力した。相談を受ければ、学校、社会事業施設等にも、また全国どこにでも出かけて、伝道、講演、支援活動を行なった。このように、時には自分や家族を犠牲にしてまで、公益活動でも困難の多い感化・更生保護事業、またキリスト教の伝道にも打ち込んだ本間の姿に、「右手にハンマー・左手に聖書」「秋吉台の聖者」といった讃辞が寄せられた。

　本間は、新潟県三島郡間瀬村（まぜ。西蒲原郡間瀬村、岩室村間瀬を経て、現・新潟市西蒲区間瀬）に生まれた。貧しい家庭で育つが、小学校の成績は優秀であった。ただ貧困のため、義務教育も満足に受けられずに、社会に出ざるをえなくなる。最初は、大工の丁稚からはじめ、やがて宮大工の腕を磨き、福島中心に東北、北海道、朝鮮など各地の神社、珍しい建物等の建築・修復でその腕を揮った。

　それから一転して、1902年、30歳の時に、山口県美祢郡秋吉村（秋芳町を経て、現・美祢市）の大理石鉱山の経営にのりだす。そこで、出獄人、道を誤ったり、道に迷ったりした青年たちを受け入れ、一緒になって大理石採掘の労働に従事しつつ、生活を共にし、更生・社会復帰に協力した。感化問題、更生保護事業、あるいは伝道に従事すると共に、監獄の改善・受刑者保護、死刑廃止等の訴えや活動にも従事した。全国各地から、講演、講話、伝道、指導・相談の依頼があり、応じた。

　留岡幸助、有馬四郎助、牧野虎次などキリスト教界や社会事業界のリーダーたちとも交流を持ったり、指導を受けたりもした。彼自身も、労働運動のリーダー鈴木文治、安川電機の安川第五郎、成城学園・玉川学園の小原国芳など多

くの人に影響も与えた。

　本間に関しては、経営者というよりも、社会事業の方が主業務で、会社経営は従という見方もできるほど、更生保護事業など社会貢献活動の比重が高かった。それと似ている位置にいる1人が福沢諭吉であるが、彼は、慶應義塾の創立者で、教育者、研究者、評論家などとしては当代一の文化的・社会的リーダーであった。と同時に、慶應義塾、慶應義塾出版局（1872年）、時事新報などのトップの経営者でもあった。藤原銀次郎は、福沢が教育者の才能と共に、経営者としての才能も素晴らしかったことを評価していたほどである（藤原銀次郎『福沢先生の言葉』実業之日本社、1955年）。

　このように、経営者にも公益活動にも秀でた人たち、また公益関係者にも経営に秀でた人たちは、意外に多くいたのである。

(3)　他にも優れた公益経営者

　上記の佐久間らに並ぶ公益経営者は他にもいるが、ここでは渋沢栄一と森村市左衛門についてのみ一言触れることにし、それ以上は取り上げない。

　渋沢（1840－1931年）は、日本資本主義の黎明期から、第一銀行はじめ、多くの企業の創業に関わった。それと共に、児童養護、高齢者保護等の社会事業、大学・学校など無数の公益法人・公益活動にも関わり、寄付など支援も行なった。「片手にソロバン・片手に論語」などと讃えられた通りである。財界のリーダーが率先して公益活動に継続して関わったことに、日本の戦前における経済・企業と公益、また経営者と公益の深いつながりをうかがうことができるであろう。

　森村（1893－1919年）は、近代的総合商社の先達で（森村組）、「顧客の喜ぶ商品を扱え」をモットーに、顧客本位のあり方を早くから打ち出した。日本陶器などにおける商品の販売は、大量生産・大量販売よりも、商品の質・内容・好みが大切で、顧客の満足度が勝負となるが、それに応えることができた例である。会社経営と同時に、自ら学校を創設する他、多くの大学・学校、社会事業施設・活動を支援した。福沢諭吉と慶応義塾も森村の寄付・協力によってしばしば助けられた。

　ちなみに、戦前は、以上のように経営者が社会貢献など公益活動に関わる例

は、特別珍しいことではなかった。財閥など大手企業の経営者なら、むしろ一般的なことに近かった。だから、企業でも個人経営でも、社是・社訓、家憲・家訓に社会貢献的な公共や慈善といった用語がモットーとしてよく使われた。日本一の大地主といわれた山形県庄内地方の酒田の本間家は、江戸時代から、家訓に積善、陰徳、家憲には「公益」その他を謳っていた。この種のものに、公益が使われたのはきわめて珍しい。戦前は、社訓や家訓などに「公共」が使用されることはよくあったが、意外に「公益」の用語は使用されなかったのである。

　その代り、各地の石碑には、「公益」の用語が「公共」よりも多く使われた。地域で社会貢献・地域貢献の多かった人、慕われた人が亡くなると、それを讃え、後世にその徳を伝えるために、公園・寺社などに石碑が建立されことがしばしばみられた。そこに意外に多く使用されたのが「公益」の用語であった。公益の用語の刻まれた公益の碑は、日清戦争後広く一般化する。ただし、太平洋戦争後はみられなくなっていく。

おわりに―日本の企業・経営者の公益活動にはなお遅れが目立つ

　企業・経営者の地位・役割も、また公益活動・公益法人の地位・役割も、時代と共に変化する。しかし、基本的な部分は時代を超えて変わらない。ということは、時代が変わっても、市場原理・競争原理と公益原理、また企業と公益法人は、近づきあうことはあっても、全く重なり合うことはあり得ないということである。

　とはいえ、現在は企業・経営者といえども、公益・公益活動を全く無視できる時代ではなくなっている。進んだ企業・経営者ほど公益・公益活動を受け入れ、公益に関わる部分を拡大している。経営者が企業・経営面のみでなく、社会的にも評価・認知されるには、公益活動にも力を入れることが必須になっている国さえみられる。

　国際的にみれば、公益・公益活動が高い評価を得て、それを担う公益法人、NPO法人などの地位・位置が高く、かつ活動・役割が大きく拡がっている国ほど、ゆとりがあって安定した社会、また公平・平等の行き渡った社会といわ

れるほどになっている。日本も、公益活動・公益法人の活動や地位にはまだ課題はあるものの、公益の理念や活動が大きな位置を占める公益社会に漸く向かい始めている。その公益法人等、公益部門を支える有力な支援者として期待されるのが企業・経営者である。

　日本でも、太平洋戦争後に至ってから、前述のように生活保障原則が大転換し、健康で文化的な最低限度の生活を権利として国民に保障する時代に変わった。そのため、次第に全ての市民が公益活動に関われる条件が整備される。企業・経営者も、公益を可能な限り受け入れる方向にシフトする動きを時の経過と共に鮮明にする。企業・経営者は、経済・営利活動と地域・社会との調和、また公益の理念・活動との調和を図ること、少なくともその理念に反しない姿勢をとることを受け入れざるをえなくなっている。

　しかし、日本の企業・経営者は、未だに公益に無関心という程度では、社会的評価を下げることがないことも、現実である。逆に、企業や経営者が社会貢献・地域貢献等に熱心であったりすると、本業・本務軽視などと株主総会で株主から批判を受けることも、まだ稀にはみられるほどである。また有価証券報告書等でも、公益・公益活動への関与・貢献が企業業績の成功・優良度を計る評価基準・尺度に加えられることもまだない。それだけ、公益・公益活動に関しては、日本の企業・経営者にはなお遅れが目立つということでもある。

　そうはいっても、国際的動向を無視することはできず、企業・経営者も、市場原理に沿ってただ競争し、勝ち抜くだけではなく、地域や住民との間に調和を実現し、維持することを考えざるを得なくもなっている。企業・経営者としては、公益をめぐる活動・あり方を無視するのではなく、むしろそれを受け入れ、経済・経営活動に積極的に活かす時代に入っているのである。

　そのあり方・方向は、社会貢献など公益活動をめぐっては、一部の資産家たちが見えないところでそっと行う陰徳の理念や方法を過去のものとし、全ての人が関わるという新しい理念やあり方を、また企業・経営者にしても、公益活動を日常的に受けとめ、かつ明示・開示する理念やあり方を、受け入れる流れでもある。

（小松隆二）

参考文献

石田英夫編著『地域と社会を変えた起業家たち』慶應義塾大学出版会、2014 年。
近江哲史『工場法はまだか─佐久間貞一の生涯─』私家版、1994 年。
小原国芳『秋吉台の聖者、本間先生』玉川学園出版部、1930 年。
加藤直士『小林富次郎伝』小林商店、1911 年。
小松隆二『公益の時代』論創社、2002 年。
小松隆二『新潟が生んだ七人の思想家たち』論創社、2016 年。
実業之日本社編『奮闘立志伝』実業之日本社、1914 年。
世良耕一『コーズ・リレーテッド・マーケティング─社会貢献をマーケティングに活かす戦略─』北樹出版、2014 年。
豊原又男編『佐久間貞一小伝』故佐久間貞一君胸像建設事務所、1904 年。
豊原又男編『追懐録』佐久間貞一追悼会、1910 年。
本庄栄治郎『江戸・明治時代の経済学者』至文堂、1962 年。
『本間俊平選集』同選集出版会、1959 年。
三吉明『本間俊平伝』新約書房、1962 年。

第 2 章

渋沢栄一の公益活動
―国民外交との関連を中心として―

はじめに

　渋沢栄一（1840－1931 年）が 1873 年に辞官して民間に身を移し、第一国立銀行を開業してからの足跡は、実業を中心としつつも教育、福祉、民間交流等、多岐にわたっている。渋沢は、なぜ広範囲の活動に取り組んだのか、その目的や行動の淵源とはどのようなものであったのか。本章ではそうした問題意識に基づいて、渋沢の成長過程、時代背景、国家像、国家と国民との関係そしてパイオニアとして取り組んだ民間交流、渋沢のいう国民外交について若干の分析を試み、渋沢の公益観や公益活動、その目的、限界性について考察したい。

1.　渋沢の公益観

（1）　成長過程

　渋沢は、1840 年 2 月 13 日に現在の埼玉県深谷市大字血洗島に父一郎衛門、母エイの三男として養蚕、藍葉の仕入れ、藍玉製造と販売を兼業する豪農に生まれた。アヘン戦争の起きた 1845 年、父から漢学中心の教育を受け、続いて従兄の尾高惇忠から四書五経等の教えを受け、『十八史略』や『日本外史』等を熟読した。それらを通じて漢の高祖（劉邦）が江蘇省の一地方から天下を統一したこと、豊臣秀吉が農民出身であることを知り、徳川家康も三河の小大名の出ではないかと思うようになったという。加えて 1851 年、11 歳の時から神道無念流の剣術を習い始めた。また父を手助けする目的の藍玉取引という相場がらみの難しい仕事を大人優りにやり遂げるという実践を通して実業というも

のを学んだ。

　渋沢という人間が育まれるには、恵まれた家庭環境や渋沢自身の優れた資質に加え、更に2点が考えられる。ひとつは、1つの時代に幕が降ろされ、既成の価値観や身分制度も揺らぐ幕末という転換期に多感な青春期を過ごしたことがある。その際の最大の衝撃は、1853年のペリー艦隊来航の衝撃である。その衝撃のもと、渋沢は千葉周作道場で北辰一刀流の剣術を習い、水戸学を通じて憂国の士となる。また『清英近世談』を読んでアヘン戦争の理不尽さを知り、勤王の志士の影響もあって尊王攘夷派の人間になるのである。

　もう1つは、生来渋沢が日本の近代を創造する上で不可欠な合理主義精神と不条理に対する反骨心を持っていたことである。それらは、士農工商という身分制度や官尊民卑の是正の必要性を認識させる、或いは倒幕の志を抱く上で大きな影響力を持った[1]。

　1863年11月、23歳の渋沢は、攘夷断行の決起計画を立てている。しかし、従兄の尾高長七郎から成功の見込みのない愚挙と反対され、決起は中止のやむなきに至った。渋沢は、それまでの人生で最大の挫折を経験する。決起中止後、関東取締出役に追われる身となり、故郷を後にした。その先には、本人は知る由もないが、新しい進路と最大のアイロニーが待ち受けていたのである[2]。

　それは、一橋家家臣の平岡円四郎との出会い、渋沢の才能を認めた平岡の推挙による一橋家への仕官である。それは、渋沢にとっては追っ手から逃れるための便法に過ぎなかったが、渋沢の行く末に決定的ともいえる影響をもたらすことになる。そのひとつは、1864年2月、一橋慶喜の面識を得ることである。もうひとつは、1867年1月のパリ万国博覧会使節団の随員としてフランスを中心とする欧州歴訪の機会を得ることである。

　それはさておき、一橋家への仕官は討幕を難しくした。しかもその後の慶喜の第15代将軍就任によって、倒すべき幕府の幕臣に自らがなるという失望落胆に陥る第2の挫折を経験する。その時の苦悩の様を示す一件は、1866年2月、渋沢にパリ随行の要請という話が突然もたらされた時、攘夷派にもかかわらず二つ返事で承諾したことである[3]。但し、パリ行きを承諾した理由にはもうひとつあった。それは、開国を説く飯塚の『禦蛮策』のような開国を勧める文献を読み、攘夷への疑問も抱いていたことである。

(2) 欧州歴訪

　渋沢は、実際に1867年1月にフランス船籍のアルヘー号に乗りマルセイユを目指した。横浜港を出港後の船上生活、上海、香港、サイゴン（現ホーチミン）等の寄港地、建設中のスエズ運河等での見聞を重ねる中で開国派へと変貌を遂げることになる[4]。

　パリ到着後は、文明の持つ力を欧米の力の源泉と見なし、貨幣流通の様、道路、上下水道、ガス灯等のライフ・ラインやインフラ整備の模様に感嘆した。大病院では、その建設や維持のために貴族や富裕層が資金を拠出する慈善という概念が世の中にあることを知るのである。

　以上を通じて、新生渋沢が誕生することになる。それは、ハード面に限らず、ソフト面への興味、公益に関心を抱く人間の誕生を意味する。

　パリ万博閉幕後、渋沢は、スイス、オランダ、ベルギー、イタリア、英国を訪問する。パリに戻った渋沢をその後の渋沢に決定的ともいえる影響をもたらすことが待っていた。それは銀行のオーナーであるフリュリ・エラール（Flury Herald）から経済の概念、株式会社と銀行のシステムや運用等の「算盤」を学び、銀行が日本の近代化に向けての鍵であることを理解したことである。

　そうした経験を通じて渋沢が主に学んだことが次の4点である。① 近代国家における銀行の果たす役割の重要性。② 企業が株式会社として営利事業を展開していること。③ 実業人と政治家や官僚が対等な関係にあること。④ ベルギー国王フレデリック・G・C・レオポルド（Friedrich G.C.Leopold）1世からベルギー製の鉄の購入を勧められた経験から、実業は倫理に基づく限り卑しくないと認識したこと。

(3) 理想的国家像および国家と国民との関係

　渋沢の公益観を考える上でもうひとつ検討を要する問題は、彼の理想的国家像と国家と国民との関係の在り方についての考え方である。渋沢の理想とする国家像は、① 封建体制や身分制度に対する反発、② ヨーロッパの実業発展の様、③ 日本と同じ島国の英国が通商によって世界の大国としての地位にあること、以上の認識から形成されたといえる[5]。

　それは、具体的には国の実力が実業にあるとこと、国の安全保障を確保する

力も国を輝かせる力もみな実業の力によるものであること、政治も軍事も実業の奴隷臣僕にすべきであると認識したことによる。それに基づいて、実業人が仁義道徳や職業倫理、すなわち「士魂商才」を身に着け、海外に積極的に進出する進取の精神を持つことを求めた。

　もう1つ重要な点は、渋沢が理想的国家像を英国に求めたことである[6]。それは、島国の英国が国富を実現し、世界で繁栄する強国としての地位にあるのは、平時においては海運業が実業を発展させ、非常の場合には国を防衛する海軍力を背後に持つ海洋国家であると理解したことによる。渋沢は、日本が東洋の英国となるべく実業人による殖産興業の推進と世界の国々との通商の展開によって国富の実現を図る貿易立国・平和的発展主義に基づく海洋国家の実現を理想とした。それは、海外の国々との相互依存と共存共栄関係の創出を意味し、それによって平和の構築も可能となり、更にそうすることが人々の福利や公益にも適う世界文明外交であると考えたことによる。同時に、通商中心の国家関係推進上、国境は障壁でないことから、領土の拡大や植民地の獲得は不要と考えた。それが1910年8月の韓国併合に反対した論拠でもある[7]。

　その渋沢は、国家の構成要因を政府と国民に求め、国家の一員である国民にも国家に対する責任があると認識していた。従って、日本が国として四肢五体を兼ね備えるよう公益に貢献すべきとの立場にあったといえる。

　但し、矛盾するが、国民すべてがそうした立場にあるとも考えなかった。そういう意味で、渋沢は国民を公益の追及に貢献する者とそうでない者とに分けて考えていた。1つは、実業人を中心に学者、研究者、宗教人等を加えた見識が高く、渋沢が政府の支援や補助的な役割を担えると見なす国民、渋沢のいう国民外交を推進する国民である。もう1つは、例えば1905年のポーツマス講和条約の結果、ロシアから賠償金が取れないとなると日比谷焼打ち事件を起こす付和雷同的な国民、換言すれば日本や世界の事情を理解していないことから啓発されねばならない国民である。そういった国民に対しては、例えば日本国際連盟の会長としてNHKのラジオ放送、講演、雑誌等を通じて啓発に努めた。

　以上から、近代国家の創造に貢献すべく実業を盛んにすることを中心に民間レヴェルから公益への貢献に向けて取り組んだ渋沢の行動の淵源が理解出来よう[8]。実際に近代国家に求められるものを自らの手で提供しようと500社あま

りを起業し、同時に教育、福祉、民間交流の分野に600あまりの団体を設立している[9]。

2. 渋沢の国民外交（その1）

(1) 着手のきっかけ

渋沢は、親交の深かった米国人からは日本のグランド・オールド・マンと敬意をもって呼ばれ、1926年と27年に2度続けてノーベル平和賞候補者として推薦された人物である。その渋沢に国民外交着手のきっかけをもたらした人物は、小村寿太郎である。小村は、ポーツマス講和条約の内容が日露のいずれに有利になるかは米国の世論がどちらの側を支持するかにあることを学んだ。その経験から、日米間の相互理解を深め、友好関係を構築するために普段から民間レヴェルでの交流を積み重ねる、或いは日本に好意的な米国世論を形成する必要性を痛感した。そして本課題に従事可能な人物として白羽の矢を立てたのが渋沢であった。ここに渋沢が国民外交に着手する所以を見出せる。

その背景には、日露戦争を契機として日米関係が友好の時代から対立の時代へと移行したことがある。具体的には、1898年に米国がフィリピンを領有し、太平洋地域に権益を持つ太平洋国家となったこと、力を増す日本の海軍力を脅威と見なすようになったこと[10]、逆に日本も中国への経済進出を図る米国に脅威感を抱いたことから、日米両国は相互に脅威と認識し、太平洋を挟んで対峙する関係に陥ったことがある。以上を反映して西海岸諸州に日本人移民排斥が起こる。

そうした状況を背景に、渋沢は実業人の立場から国民外交に取り組むことになる。特色は、次の4点に集約出来る。① 実業人を核とし、必要に応じて知識人、学者、宗教人等の参画を得、政界、官界と協力し合う、或いは新政府に仕える間に築いた伊藤博文、井上馨、大久保利通、木戸孝允、西郷隆盛、山県有朋等の元勲や官僚との人的ネットワークを駆使して、政府の外交を支援する、もしくは補助的役割を果たす、更には外交政策に自分たちの考えや主張を反映させることを目指す。② 相手国との相互理解を高め、友好関係を築くために、主に米国であれば商業会議所、中国であれば商務総会、それに政財界の

有力者、学者、知識人、聖職者等との交流や広報に努める。③ 相手国との共通の利益を創出し、共存共栄の関係の構築に取り組む。④ 自国民を啓発し、対外理解を促す。

(2) 対米国民外交

　渋沢が最初に取組んだ対米国民外交は、1906年に発生したサンフランシスコ地震にともなう日本人学童の公立学校就学拒否問題に代表される日本人移民排斥問題解決への取組である[11]。そのために、実業人の視点から米国の商業会議所に着目し、その代表者一行の招請による日米対話の実現や日本の実業団の訪米等による日米コミュニケーション・チャンネルの拡大と多様化に努力した。それは、双方の実業人間の人的ネットワークの構築、相互理解の促進、日米合同出資事業の展開や日米合同資本による中国進出等を通じた経済的相互依存関係構築の試み、相互の繁栄の実現等を図るという当時としては画期的な取組を実現したといえる。

　具体的には、以下の例があげられる。1908年に米国太平洋沿岸商業会議所一行の招致。翌09年に自ら渡米実業団を率いての渡米。ウイリアム・H・タフト（William H.Taft）大統領との会見。1913年にはカリフォルニア州政府の排日法案の成立を防ぎ日米友好を進めることを目的とする日米同志会の結成。同じ目的に基づく添田寿一と神谷忠雄の米国派遣。両者による日本人移民への事情説明や日本理解のための英文パンフレットの配布。ウッドロー・ウイルソン（Woodrow Wilson）大統領やウイリアム・J・ブライアン（William J. Bryan）国務長官等への陳情。1915年には、大隈重信首相、加藤高明外相等からの要請に応えて自らサンフランシスコで開催のパナマ万博視察を名目とした実業団を率いての渡米。移民問題解決のためにウイルソン大統領、セオドア・ローズヴェルト前大統領（Theodore Roosevelt）、教会関係者、労働組合幹部、上下両院議員との接触。1919年にはサンフランシスコ米日関係委員会会長のウォーレス・M・アレキサンダー（Wallace M.Alexander）を中心とする米国西部実業人一行とフランク・A・ヴァンダリップ（Frank A.Vanderlip）を中心とする米国東部の実業人一行の相次ぐ招請。1921年の渋沢自身によるワシントン会議視察を名目とする日本全権団への移民問題善後策の陳情とウォーレン・

G・ハーディング（Warren G.Harding）大統領との会見。主要閣僚、議員、実業人、教会関係者等の訪問による日本側の事情説明と意見交換。1923年の日米関係委員会設立等。

　国内では、東京駐在の米国人報道関係者を帝国ホテルに招いて排日問題をめぐり意見を交換し、日本国民の声を米国民に伝えるよう要請する機会を設ける、米国社会で世論の形成に影響力のある人々や組織、要人が来日すると、意見交換の場を王子飛鳥山の自宅や商業会議所等に設ける、米国大使との交流等を重ねるといった活動が挙げられる。

　以上にもかかわらず、州政府の権限が大きいこと、大統領が国民の直接選挙で選ばれること、日米関係が対立の時代に移行していた等の事情から、1924年に米国議会における排日移民法の成立を阻止し得なかった。それは、日本が第一次世界大戦を経て世界の5大国のひとつとして頭角を現した時期からして、それまでの努力が結実し、脱亜入欧を果したと思った矢先に日本及び日本人に冷水を浴びせ、恥辱するものであった。一報を受けた渋沢は、同法の廃止までは死ぬに死ねないと涙したという。

　排日移民法成立後、渋沢は本問題解決の方途を見出せず、閉塞状況に陥った。そうした折に、米国側から東の民間版国際連盟を目指す本格的な非政府国際組織の太平洋問題調査会（The Institute of Pacific Relations）設立への協力依頼が渋沢にもたらされた。それを移民問題解決の新たな突破口とすべく、その日本支部である日本太平洋問題調査会（日本I.P.R.）を設立し、自らは理事長に就任して同調査会の組織化、運営のための資金や一流の人材集めに奔走した。更に、高齢のため自らは参加出来なかったが、1925年と27年のホノルルにおける第1回・第2回ハワイ会議への日本I.P.R.の参加（代表は沢柳政太郎）と移民問題討議に向けての準備に尽力した。また27年には米国の宣教師シドニー・L・ギューリック（Sidney L.Gulick）と協力して日本人移民排斥問題解決のひとつとして日米人形交流（米国からの青い目の人形と日本からの答礼人形）を実現させた[12]。渋沢は、それらを1931年11月11日に91歳で亡くなるまで続けたのである。

　以上、結果を見る限りでは渋沢の対米国民外交は報われなかった。しかし、国民外交の展開、米国世論の形成に影響力を持つ人々、政治家、外交官、教会

関係者、労働組合幹部等とのコミュニケーションの改善や相互理解の向上、信頼関係の構築に取り組んだ。その実績、相手の選択や働きかけの内容、その手法等は評価出来、今でも通用する。そういう意味では、今日の日米交流の基本形を作った功績は認められるものがあり、また渋沢の年齢、健康、外国語能力等を考えても、その努力は評価に値する。

3. 渋沢の国民外交（その2）

　渋沢は、中国に対しては日本に先んじて進出している英国との協調を重視しつつ、門戸開放、機会均等、主権の尊重という原則に基づきながら経済交流による相互依存と共存共栄関係を構築しようとした。その際に重視した姿勢は、渋沢らしく『論語』の中の思いやり、同情、赦すという意味の「恕」、それに「己の欲せざる所は人に施すなかれ」である。

　その背景には日中間の長い歴史・文化関係に基づく中国への親近感や感謝の念があった。渋沢が進出先として期待したのは、英国の権益とも重なるが、資源に恵まれ、前途有望な巨大市場としての揚子江流域であった。具体的には、米・茶・生糸・牧畜等の農産物の産額が世界屈指であり、鉄・石炭・石油・アンチモニー等の鉱物資源も無尽蔵にあること、交通機関の整備、外国資本の導入等が不十分なことから、開発の余地が大きいこと等にある。そして「我が国の鞏固なる経済的基礎を作ると共に、支那の国富を増進せしむべき機関を創設する」[13]ことを急いだのである。

　その結果、渋沢が発起人をつとめ1909年6月に設立された最初の機関が日清企業調査会である。更に翌7月には、桂太郎首相や小村外相等の政府側の肝煎で我が国唯一の対中投資機関・東亜興業株式会社（資本金100万円）へと衣更えした。渋沢は、会長に就任したが、古稀を迎えるにあたって多くの企業や団体の役員を引退したことにあわせ、経営には直接関与しなかった。経営陣の中には、社長の古市公威、取締役の小田桐万寿之助、山本条太郎、白岩龍平等の名前がある。

　資本金は、1917年3月の段階では300万円であったが、翌18年には1,000万円に増資され、総投資額も900万円から1,100万円へと増加された。その背

景には、第一次世界大戦後の日本の債権国への移行、原敬の首相就任がある。原首相は、渋沢と見解が一致する点であるが、内政不干渉政策と民間団体の経済的発展主義を採用した。

　だが東亜興業は、元利の回収が困難に陥り、ついには会社整理という事態を迎えることになる。理由は、資金とノウハウの不足、三井系の旭公司や三井の山本、森恪、高木陸朗等の確執、そして渋沢を「一点友愛の念を懐き親善の情味を含める態度を以て彼に対するもの尠し」[14]と慨嘆させた1915年のいわゆる対華21ヵ条要求に反発する中国の反日民族主義の高揚等にある。

　そのような最中の1913年2月、中国国民党党首孫文が来日する。その成果として、初の日中合弁会社・中国興業株式会社が設立された[15]。孫文は、「袁（世凱）には政治をやらせ、自分は実業をやる……其実業を発達させる第一手段として支那に十万里の鉄道を敷く、それに就いて、日本の渋沢子爵を相手として其援助を乞ふて来たもので、子爵もやらうと決心をせられた」[16]と述べ、「支那ノ富源ヲ扶植スルニハ日本ノ知識ト財力トヲ籍ルヲ要ス、茲ニ日支経済的提携ノ方針ヲ以テ進ムコトノ肝要ナルヲ知覚セリ」[17]とも述べる。それは、まさしく渋沢の期待するところであった。

　しかし、中国興業の設立は、東亜興業も同様であるが、時機を得ていなかった。それは、中華民国臨時政府成立後の中国が孫文の凋落に始まって、カオス化する政治の季節に入ったことによる。渋沢は1913年8月11日付の孫文宛書簡の中で「小生ノ切ニ遺憾トスルトコロハ、新会社ノ総裁ニ閣下ノ名ヲ見ルヲ得サルノ一事ニ有之候」[18]と述べるのは、それを物語る。事実、10月には孫文に代わって袁世凱が大総統に就任する。

　それに追い打ちをかけるかのように、第一次世界大戦の終結が日本経済のみならず、中日実業（孫文色一掃のために袁世凱が改名）の業績にも打撃を与えた。加えて、対華21ヵ条要求後の排日・排日貨運動の高揚、山東省旧ドイツ権益還付問題、南京事件、山東出兵、張作霖爆殺、北京関税特別会議開催問題、中国の不平等条約改定問題等を中心とする1910年代から20年代の時局の推移は、中日実業の業績改善を困難にさせた。そうした過程の1931年9月18日に満州事変が勃発し、2か月後の11月11日、渋沢は91年の生涯を閉じたのである。

その間の1920年6月には日華実業協会が設立されている。それは、全国商業会議所連合会の代表者が発起人となり、中国と経済的つながりを持つ全国の実業家の賛同を得て設立された。渋沢の国民外交の目的に適う協会が誕生したといえる。会長には渋沢が、副会長には和田豊治と藤田平太郎が就任、名誉顧問として三井八郎衛門、岩崎小弥太、大蔵喜八郎、近藤廉平、古河市兵衛、井上準之助が、評議員として藤山雷太、大谷嘉兵衛、服部金太郎、伊藤忠兵衛等50名が名を連ねることから、実業界の力の入れ様が伝わる。同時に、前年6月のパリ講和条約によって山東省の旧ドイツ権益が日本に譲渡されたことへの中国側の抗議が日中貿易にもたらす影響への危機感がみられる。

　日華実業協会設立に際して渋沢の意を体現したのが全国商業会議所内の日貨排斥問題根本解決実行委員会による同年2月の決議である。その趣旨は、門戸開放、機会均等、領土保全を尊重し、実業人の立場から対中政策を一新して新局面を切り開くことを目的とし、日本の商業会議所と中国各地の商務総会との連携、日本国内の商業会議所と在華邦人商業会議所及び実業協会との結び付きの強化、各種事業経営上の提携を意図した日中間の協会設立を進めようというものである[19]。それを受ける形で、渋沢は「此際日支経済合同して富源を開発して、彼等にも十分の利益を得さしめ、日本人のみ利益を取る様な行為に出てはならぬ」[20]と釘をさしている。

　日華実業協会の初仕事は、翌21年6月に原首相、田中義一陸相、加藤友三郎海相に対し①排日の対象である山東鉄道の両国民による合弁事業化と鉄道守備隊の撤収、②中国革命の騒乱の際に派遣された駐屯軍を引揚げ、以上の2点を速やかに実行されるべき事項として献策することであった[21]。

　しかし、日華実業協会を失望させる状況が生まれる。それは、1923年3月の中国側による対華21ヵ条条約廃棄通告に対する日本側の拒否が引き金となった日貨排斥運動が長沙、漢口を中心に起き、しかもシンガポールやハノイ方面まで拡大する様相を見せたこと、その影響で日中貿易が甚大な被害を受けたことである。

　本排斥運動は、日華実業協会に対中強硬論の台頭を許す契機となる。渋沢は、6月に出渕勝次亜細亜局長、広田弘毅情報部次長等を日本工業倶楽部に招いて意見交換を行い、7月には丸の内の銀行集会所において和田豊治、杉原栄

三郎、白岩、小野英二郎等とともに田中都吉外務次官、芳沢謙吉中国大使、永井通商局長、出渕亜細亜局長、広田情報部次長と意見を交換した。その際の渋沢等の要望は、日貨排斥運動の禁止、責任者処罰、損害賠償等である[22]。

次に1925年5月、5・30事件が上海で起こる。渋沢は、中国権益の確保をめぐる日英協調を重視し、幣原喜重郎外相に「本件解決ニ関シ……支那ノ実際利害ニ最モ重要緊切ノ位置ヲ占ムル日英両国ノ協調ハ、此際絶対ニ必要」[23]と、日英協調による問題解決を提言する。

翌6月、上海総商会会長の虞洽卿を団長とし、中国各地の総商会代表を含む58名からなる渡日民国実業団の訪日がようやく実現した。飛鳥山の渋沢邸における歓迎会への中国側出席者は、虞洽卿、謝仲笙、顧子槃、孫海堂、余日章、銭孫卿等である。日本側からは、三井、岩崎、大蔵、浅野総一郎、古河、藤山、白岩等が出席し、幣原外相、出渕次官、木村鋭一亜細亜局長等が招かれた。

まず虞洽卿が「両国が真の親善関係を持続せんとするには、政治上の交渉を離れて国民間の直接の交渉が最も必要となつて居る」[24]と、渋沢に期待を抱かせる挨拶をした。但し、その前提として不平等条約の撤廃を日本側に求めた。それには、渋沢は不満であった。理由は、中国との不平等条約撤廃を尚早と考え、かつ実業人の立場から政経分離を考えていたことによる。渋沢は、日中両国の実業人による日支混合委員会の新設を提唱した[25]。

渋沢は民国実業団の訪日を「日華実業協会の歴史に特殊の意義を附するもの」[26]とその意義を認めている。しかし、日中の実業人の立場の相違から、人的交流を除くと格別の成果を挙げることがなかった。

以上の推移をみる時、反日民族主義運動が高揚する中国に対しては、渋沢の国民外交が曲がり角に来たことがわかる。

1927年1月、日華実業協会は在華日本紡績同業会総務理事であった船津達一郎を招いて幹事会を開催し、その成果として「支那時局ニ対スル声明書」を用意する。それが従来と異なる点は、列国との協調が不可能な場合には日本の単独自衛もやむを得ない選択肢であることを初めてうたったことである[27]。

3月末、新たな衝撃が渋沢を襲う。それは、義和団事件を彷彿とさせる南京事件の発生である。渋沢は、4月に若槻礼次郎首相、幣原外相を訪問し、「平和政策もいゝかも知れぬ。然し吾々が無抵抗主義を唱へ、静まりかへつて在留

邦人の生命財産を支那暴民に蹂躙せしむる事は出来ない……政府が截然、明確なる行動を決意せられん事を切望」[28]する。それは、恕の精神をもって不平等条約の撤廃を認めるといった政策の転換を図るか、力に依拠してでも自国の経済権益確保を図るかという局面に立ち至ったことを物語る。

以後、現地日本商業会議所からの強硬手段による根本解決を求める決議が寄せられる中で、渋沢が「支那との接触を深めて行けば行く程、どうすればよいか判らなくなつて行く有様で、我々凡知では、斯うしたらよいとか、あゝしたらよいとか、云ふことは出来難い」[29]と迷いを示すようになる。その1因には、渋沢が中国民衆の民族主義感情を理解出来なかったことが大きい。従って、同年6月末の芳沢公使との意見交換や10月と11月に飛鳥山の自宅と東京銀行倶楽部で行われた前国民革命軍総司令蔣介石と前南京政府総参議張群との会談においても打開策を見出すことが出来なかった。

1928年3月、渋沢は白岩、児玉謙次とともに田中首相兼外相を訪れ、中華民国南北和平の提唱と対支貿易並びに経済関係上最重要の北京関税会議の再開促進の2点を進言した。更に、1週間後の日華実業協会幹事会の席上、「支那関税問題並ニ時局ニ関スル意見書」を公表した。その中で注目すべきは、経済権益確保を強く意識していること、列国との協調姿勢を示す一方、それが困難な場合には単独でも勧告内容の実現を図る決意を政府に求めたことである[30]。

その後、同年には済南事件、山東出兵、張作霖爆殺事件、北伐の完成という一連の推移の中で、中国各地で熾烈化する反日運動への対策が討議され、それに基づいて政府や外務省への働きかけを行っている。しかし、中国の民族主義への理解が進まず、政局の転換を図るだけの政策の新機軸を打ち出すことも出来なかった。その後、渋沢は体調を崩し、年末の総会開催も見送った。

そうした折の1931年9月、満州事変が勃発する。日華実業協会は、関東軍の軍事行動を自衛のためと追認する声明を発表するに至る[31]。それから2ヵ月後の11月、渋沢はその生涯を閉じた。

おわりに

渋沢の幅広い活動の事蹟を振り返ると、その目的の中心は近代国家の創造に

あったといえる。従って公益の追及を第一とし、私益の追求を二の次とした。従って、財閥も形成しなかった。

　渋沢の理想とする国家像は、実業人中心の通商国家・海洋国家である。具体的には、通商を通じて国富日本を実現して東洋の英国をとなること、周辺国とは相互依存と共存共栄関係を構築し、それを平和の構築と結び付けることにあった。

　渋沢の民間交流、彼のいう国民外交は主に米国、中国を中心に展開された。米国に対しては主に日本人移民排斥問題の解決に主眼が置かれた。渋沢は、実業人らしく米国の実業人との交流、信頼関係の構築を中心とし、移民問題の性質上、排斥のリーダーである労働組合幹部、それに米国世論に影響力を持つ学者、知識人、マスメディアの関係者、キリスト教関係者、或いは大統領、前大統領、国務長官、上下両院議員等の政界人との交流や接触を試みた。英文の日本紹介パンフレットも用意し、西海岸地域への配布も試みた。

　確かに、1924年の排日移民法の成立を阻止出来なかったという点だけをみれば、渋沢の対米国民外交は成果なく終わったといえる。しかし、グランド・オールド・マンとして幅広い分野での交流や相互理解に努め、信頼関係を築いたという意味での功績は大きい。そう考える時、渋沢は民間交流のパイオニアとしての役割を果たし、今日の国際交流の原型を作り出したといえる。

　中国に関する国民外交の相手は、商務総会であり、孫文、蒋介石等の政治家、官僚であった。従って対米国民外交と比較し、中国に対するそれは対象を制限されざるを得なかった。渋沢にとって不幸であったのは、①日本側の資金と経験の不足、②中国への経済進出に必要なノウハウや資金が不十分であったこと、③中国では渋沢に近い孫文による国家建設が出来ず、政治的変動と北伐に象徴される革命の季節に入ったこと、④第一次世界大戦終了後、山東半島還付問題や対華21ヵ条要求に対する反発から中国民衆の民族主義の標的が邦人や邦人企業になると、民族主義に対する無理解から次第に強硬策が求められるようになるという負のスパイラルに陥ったことにある。そうなると、国民外交の展開は困難にならざるを得なかった。

　いずれにしても渋沢の場合には中国の民族主義に対する理解の出来なかったことに最大の問題があった。それを認めた上で渋沢が国民外交によって成果を

収めるには、前提として門戸開放、機会均等、主権の尊重に基づく国際協調と自由主義的国際思潮、中国の政治的安定性、共存共栄による日中双方の利益や人々の福利の実現を求める公益追及の態度や連携し協力し合える国際心を持った民間団体の存在が必要であったと考えられる。

（片桐庸夫）

注
1） 渋沢にとって最も印象的なエピソードは、17歳の時に父の名代として陣屋に出頭し、代官から唐突に御用金500両の寄進を申し付けられた1件である。渋沢秀雄『渋沢栄一』渋沢記念財団竜門社、1956年参照。
2） 渋沢は人生の岐路に大きな挫折を経験した。だが、そのたびに新たな進路が開くという強運に恵まれていた。
3） 渋沢栄一述・長幸男校注『雨夜譚』岩波書店、1984年、125頁。
4） その模様は、渋沢栄一「航西日記」日本史籍協会編『渋沢栄一滞仏日記』東京大学出版会、1967年所収に詳しく著されている。
5） 英国が植民地帝国であったにもかかわらず、渋沢はその点には触れていない。恐らく列強による植民地化回避が日本の当面する課題であったことによると考える。
6） 渋沢が最も親しみを感じた国は米国であった。その最大の理由は、儒教倫理と類似したピューリタンの倫理を持つ正義人道の国であると認識していたことにある。
7） 晩年韓国併合を認める発言をしている。渋沢には既成事実を認める傾向があった。藤井賢三郎『評伝渋沢栄一』水曜社、1992年、56頁。
8） それは、別の表現をすれば「渋沢というひとりの人物が実業のみならず、慈善、民間外交、教育などさまざまな分野にわたって活動を展開したというよりも、むしろ渋沢が関係した領域の収斂したところに、渋沢という多層性を有する人物が位置づけられる」。山名敦子「渋沢栄一にみる公益という名の慈善」陶徳民、姜克實、見城悌治、桐原健真編『東アジアにおける公益思想の変容　近世から近代へ』日本経済評論社、2009年、137頁。
9） 渋沢が設立、ないしは後援した企業の一部を例示すると、みずほ銀行、りそな銀行、東京海上日動火災、JR、日本郵船、日本航空、東洋紡、王子製紙、日本製紙、太平洋セメント、清水建設、東京電力、東京ガス、日産化学、IHI（石川島播磨重工業）、帝国ホテル等である。それらの企業名からも多岐の分野にわたっていることが分かる。また渋沢は、益田孝、大倉喜八郎、古河市兵衛、浅野総一郎、西村勝三といったそうそうたる実業人を育成している。更には、近代化の進捗により生ずる社会的矛盾を解決するためという公益の視点から、日本で最初の慈善事業である養育院の創設を手始めとする社会福祉事業、教育、国際親善・民間交流の3分野を中心とする知的・社会的インフラの構築に取組んだ。そういった非営利事業の数は600前後もあった。以上からもわかるように、渋沢は財閥を作り私益を追及しようとはしなかった。それも渋沢の公益概念があればこそのことであった。
10） フランクリン・D・ローズヴェルト（Franklin D.Roosevelt）は、海軍次官の時にフィリピンを米国にとってのアキレス腱と比喩している。
11） 日本人学童93名が69小学校中の22校に在籍していた。但し、25名は米国出生者、つまり米国の市民権を持っていたことから、いわゆる日本人学童は68名にすぎなかった。それは、日本人学童の就学拒否の問題が、サンフランシスコ地震による校舎、教室の被害等により日本人学童を受け入れる余裕がなくなったことを意味するのではなく、日本人移民排斥の口実に過ぎなかった

ことを物語る。日本外交文書デジタルアーカイブ「対米移民問題経過概要」参照。
12) 渋沢とギューリックとの出会いについては、是澤博昭『青い目の人形と近代日本』世織書房、2010 年、12-15 頁、参照。
13) 『竜門雑誌』1913 年 11 月、第 306 号、16 頁。
14) 同上、1915 年 6 月、第 325 号、31 頁。
15) 中村義『白岩龍平日記―アジア主義実業家の生涯』研文出版、1999 年、162-163 頁。
16) 「白岩龍平談話筆記」渋沢青淵記念財団竜門社編『渋沢栄一伝記資料』第 54 巻、1964 年、538-539 頁。
17) 同上。
18) 「1924 年 5 月 15 日相談役会記事概要」同上、第 55 巻、1964 年、34 頁。
19) 1920 年 2 月 21 日付『中外商業新聞』参照。
20) 「日支親善の妙諦」『竜門雑誌』1921 年 7 月号、第 398 号、65-66 頁。
21) 「日支親善方策の建白　日華実業協会公表」1921 年 6 月 21 日付『中外商業新報』参照。
22) 渋沢等が強硬策 4 点の要望を提出した理由は、中国情勢の悪化があることはいうまでもないが、同時に東京商業会議所内部に「日貨排斥に関する決議実行委員会」が結成され、1923 年 6 月に中国に対し強硬な態度を取ることを決議し、それを渋沢に伝えたことにある。『東京会議所会報』1923 年 7 月号、第 6 巻 7 号、10-12 頁、参照。
23) 「1925 年 7 月 8 日付渋沢栄一発幣原喜重郎宛書簡（案）」前掲『渋沢栄一伝記資料』第 55 巻、326 頁。
24) 1926 年 6 月 6 日付『時事新報』。
25) 1926 年 6 月 9 日付『中外商業新報』参照。
26) 前掲『渋沢栄一伝記資料』第 55 巻、435 頁。
27) 「日華実業協会第 7 回報告書　支那時局ニ対スル声明書」同上、451 頁、参照。
28) 「2 月 2 日発欧米各新聞社宛日本新聞聯合社配信記事」同上、451 頁、参照。
29) 渋沢栄一「支那問題について」『竜門雑誌』1927 年 4 月号、第 63 号、1-7 頁。
30) 「日華実業協会往復　支那時局ニ関スル意見書」前掲『渋沢栄一伝記資料』第 55 巻、491-492 頁、参照。
31) 「昭和 6 年 9 月 28 日付日華実業協会声明」同上、536-537 頁、参照。

第3章

郵政事業と公益

はじめに

　近年郵政事業は国営から公社へ、公社から民営へ、その民営もまた見直しが行われたりして目まぐるしく変遷している。そこでは一体何が問題になっているのであろうか。政治の動きばかりが報道された郵政民営化であったが、純粋に企業論としてこの問題をとらえるならば、それは公企業の宿命とでもいうべき「公益性」と「企業性（収益性）」という2つの相対する経営理念が、時代の変化の中で新たなバランスを求めて揺れ動いているということである。

　国営として140年近い歴史を刻んできた我が国の郵政事業は、公社化を経て民営化した今、今後どのような経営が期待されるのであろうか。なかんずく公益という視点で見たとき、これからの郵政事業はこれまでの郵政事業とどう変わってくるものなのであろうか、本章で考察してみることとしたい。そのためには、先ず郵政事業の創業から今日までの経過をたどる中で、郵政事業が国民生活の中でどんな経済的、社会的、文化的役割を果たしてきたのか、即ち郵政事業の本質とその「公益性」の原点を知らなければならない。その上で、時代が移り変わる中で、また公社化、民営化が断行される中で、その「公益性」に何か変化が起きようとしているのか、或いは「公益性」と「企業性（収益性）」とのバランスに新たな動きが生じようとしているのか見ていくこととしたい。

1. 郵政事業とは何か

(1) 郵政事業の成り立ち

　1871（明治4）年我が国が近代国家としてスタートするに当たって、鉄道事

業と並んで郵便事業が国家事業として立ち上げられた。そして、この郵便事業の拠点として「郵便局」が全国各地に作られていったのである。

　数年を待たずして郵便局の全国的なネットワークが完成すると、今度はそのネットワークを利用して国民生活の安定と福祉の向上に資するため、新たな事業が次々と加えられていった。それが、1875（明治8）年の郵便為替、郵便貯金、1906（明治39）年の郵便振替、1916（大正5）年の簡易保険、1926（大正15）年の郵便年金であった。

　このように、明治以来の長い歴史の中で、「郵便局」という舞台の上に積み上げられていった事業の集積が郵政事業[1]なのである。

(2) 郵政三事業と郵便局受託業務

　今日郵政事業は大きく分けて郵便、郵便貯金（郵便為替、郵便振替を含む）、簡易保険（郵便年金を含む）の3つに分類され「郵政三事業」と呼ばれているが、実は郵政事業はそれだけではない。1901（明治34）年に始まった年金・恩給の支給、1915（大正4）年の国庫金の受け払い、戦後は1949（昭和24）年の印紙の販売と電話料の収納、1950（昭和25）年の放送受信料の収納、そして近年では1987（昭和62）年の交通反則金の収納、1988（昭和63）年の国債の販売、2000（平成12年）のバイク自賠責保険の販売など郵便局が国民の最も身近な国の機関であることから、国民の日常生活の利便向上に資するため、他の省庁や公的機関等からの委託を受けて、郵便局の窓口で取扱うこととなった数多くの「郵便局受託業務」と呼ばれるものが存在している。

　結局、郵政事業は自らが経営する「郵政三事業」と、他の公的機関等から委託を受けて郵便局の窓口で取り扱うこととなった「郵便局受託業務」から構成されているのである。

(3) 郵便局ネットワークの特質

　以上見てきた通り、郵政事業が形成され発展していく過程で、常にその土台となっているものは「郵便局ネットワーク」に他ならない。明治以来、全国に設けられた郵便局が地域に密着し、地域住民から信頼されていることから、そのネットワーク力が評価され郵政事業が発展し、今も成長し続けているのであ

る。

　では、この郵便局ネットワークは一体どのようにして作られたものなのだろうか。1871（明治4）年に郵便事業がスタートしたとき、中央直轄の官吏によって郵便局が開設されたのは「三府五港」と呼ばれている東京・大阪・京都の3府と、横浜・神戸・長崎・函館・新潟の5つの開港地であった。それ以外はすべて「一村一局」の名のもとに前島密の呼びかけに呼応して国家事業に参画すべく立ち上がった在地の有徳資産家（旧名主）達が、自宅の一部を無償で提供して作った郵便局、いわゆる特定郵便局であった[2]。

　こうして、1874（明治7）年には全国で3,200局ばかりの郵便局が作られるまでになったが、翌1875（明治8）年には新たに郵便貯金事業がスタートすることに伴い、今度は郵便の配達を行わない窓口事務だけの無集配郵便局が次々と作られていき、郵便局ネットワークは面としての展開を始めたのである。

　このような郵便局の歴史やその発展過程を考えると、郵便局ネットワークは各地の篤志家、素封家と言われる公共精神旺盛な人達を積極的に郵便局長に登用し、彼らの犠牲的精神によって作られた特定郵便局がベースとなっていることが分かる。そして、その特定郵便局がその後地域が発展し、局規模も大きくなったのが現在町の中心部にある普通郵便局と呼ばれているものなのである。

　2007（平成19）年の郵政民営化によって、普通郵便局と特定郵便局という区別は廃止されているが、現在この普通郵便局と特定郵便局を合わせた直轄の郵便局は全国で約20,000局を越えるまでになっている。

　また、戦後焼け野原からの復興が進むにつれ、郵便局設置の要望が各地で相次いだが、窮迫した郵政事業財政の下では直轄の郵便局だけではこれに対応しきれなかった。このため、1949（昭和24）年に「簡易郵便局法」がつくられ、委託形式の経済的な郵便局が誕生することとなったのである。「1人の人間で処理できる程度の事務量（忙しい時には家族の応援を得る）」しかない過疎地などの郵便局窓口事務を、地方公共団体や協同組合（農協、漁協）など営利を目的としない法人に委託することとしたものである。その後1970（昭和45）年には委託先を社会的信用のある個人にまで拡大し、現在では全国に4,500局ばかりの簡易郵便局が存在している。

　結局、郵便局は規模の大きい郵便局（普通郵便局、概ね定員30人以上）と

規模の小さい郵便局（特定郵便局）、それに委託形式の簡易郵便局の3層構造となっている。そして、この郵便局の「3層構造」と規模の小さい郵便局（特定郵便局）で働く職員の「総合服務」（1人の職員が、郵便、貯金、保険の3事業を一体的に取り扱う勤務形態）と呼ばれるものが、大小様々な膨大な数の郵便局を能率的、効率的に経営するための仕組みとなっているのである。戦後、郵政事業が国の財政支援を一切受けることなく、膨大な郵便局ネットワークを維持し、全国あまねく公平に郵政事業のユニバーサルサービスを提供し続けている秘密はここにあると言っていい。

(4) 民営化に伴う郵政法制の転換

2007（平成19）年10月1日郵政民営化が断行され、郵政法制は大きく転換した。特に郵便局の金融サービスを定めていた郵便貯金法と簡易生命保険法が廃止されたことに伴い、「郵便貯金」「簡易保険」という言葉は国営、公社時代の旧サービスを指すものとなった。そして民営化後の現在では、郵便局ネットワークを所有している日本郵便（株）が（株）ゆうちょ銀行及び（株）かんぽ生命保険から委託を受けて、日本郵便（株）の「銀行窓口業務」「保険窓口業務」として全国の郵便局において提供することとなった「簡易な貯蓄、送金及び債権債務の決済の役務」「簡易に利用できる生命保険の役務」（郵政民営化法7条の2、日本郵政株式会社法5条、日本郵便株式会社法5条）という表現になったのである。

本章は、このような民営化後の難解な郵政法制の建前を議論することが目的ではなく、現に郵便局を通じて国民利用者に提供されている金融サービス（貯金、保険）の公益的性格を検証しようとするものであることから、これら民営化後の郵便局金融サービスについても、引続き「郵便貯金」「簡易保険」という言葉で呼ぶこととしていることを予めお断りしておかなければならない。

以下、郵政3事業と呼ばれる郵便、郵便貯金、簡易保険と第4の事業とも呼ぶべき郵便局受託業務について、各事業・業務の本質とその公益性について考えてみることとしたい。

2. 郵便事業と公益

(1) 近代国家の条件としての郵便

　江戸時代は文書や手紙の送達は幕府が定める宿駅制度を利用した「飛脚便」に頼っていたものであるが、文書や手紙を運ぶという仕事自体は、実は古今東西を問わず歴史上早くから何らかの形で行われていたことである。ただ、その送達の仕組みが最も簡便化され、何時でも、何処でも、誰もが容易に利用出来るようになったのが「近代郵便」と言われるものなのである。

　この近代郵便発祥の地となったのは、産業革命が進行していた19世紀半ばのイギリスであった。1840年にローランドヒルによって、それまでは高価な距離別料金で料金受取人払いであったものが、安価な均一料金で切手による料金の前納とポスト投函という極めてシンプルな仕組みに大転換され、近代郵便が誕生したのである。これはまさに、世界の郵便史におけるコペルニクス的転回であった。

　我が国では、イギリスに派遣され現地でつぶさに郵便制度を学んだ前島密によって、維新後間もない1871（明治4年）にこの近代郵便が立ち上げられたのである。

(2) 万国郵便条約とユニバーサルサービス

　郵便事業を公益という視点で見るとき、その最も重要でかつ崇高な機能は、郵便が世界共通の「ユニバーサルサービス」であるということである。

　1874（明治7）年スイスのベルンに欧米22か国が集まって、万国郵便条約（Universal Postal Convention）[3]が調印された。この条約は、条約加盟国が「自国内において普遍的な郵便業務（universal postal service）を実施する」とともに、「外国から送られて来た郵便物は自内国の郵便物と同等に扱わなければならない」ことを加盟国政府に義務付けたのである。その結果、「加盟国はこの地球上であたかも加盟国全体が1つの国（the single postal territory of Union）」であるかのようにして郵便物を取り扱うことになった。分かりやすく言えば、郵便は地球上のいかなる国へも届けられるのである。外交関係のある国へはもちろ

ん、外交関係のない国へも外交関係のある第三国を経由して送られる。さらに、戦時下であっても、たとえ交戦国となっても郵便の交換は可能な限り行われるのである。それこそ国境を越えすべての地球上の人々に奉仕するという「ユニバーサルサービス」の仕組みがここに出来上がったのである。

万国郵便条約の加盟国は現在世界で 197 か国に及んでいるが、日本がこの条約に加盟したのは 1877（明治 10）年のことで、世界で 26 番目、アジアの独立国では初めてであった。勿論、国内ではこの条約を受けて、郵便法[4]によって郵便の「あまねく公平」な利用が保証されていることは言うまでもない。

近年我が国の郵便事業は、国営から公社へ、公社から民営へとその経営形態が変わっても、この「ユニバーサルサービス」を提供するという公益的機能は万国郵便条約と郵便法によって堅く守られ続けているのである。世界は万国郵便条約の下に万国郵便連合（UPU：Universal Postal Union　本部はスイスベルン）が結成され、そこでは「郵便が結ぶ人の和世界の和」が不変のスローガンとなっている。

(3)　郵便の本質と公益性

郵便が万国郵便条約や郵便法によって「ユニバーサルサービス」とされているのは何故であろう。それは、郵便が「人の意思や事実を伝える情報」そのものを内容としているからである。それはまた、「人の意思や事実を伝える情報」の自由な交換こそが近代市民社会成立の根幹であるからに他ならない。ここに、郵便の本質とその高い公益性の原点があり、我が国の憲法 21 条で「通信の秘密」を、郵便法 8 条で「信書[5]の秘密」を保証していることと軌を一にする。

アメリカのニューヨーク市郵便局の入口には、ギリシャの歴史家ヘロドトスの「ペルシャ戦争」の一節が灰色の御影石に刻まれている。

「雪であろうが　雨であろうが　暑さであろうが　夜の闇であろうが　便りを運ぶ人の迅速な任務の完了を阻むものはない」[6]

紀元前 5 世紀に書かれた歴史書の中で、便りを運ぶ人の迅速な任務の遂行は誰もが認めるところとなっていた。そして、この言葉が、現在 50 万人のアメリカ郵便職員の使命感を支えるモットーとなっているのである。

また、かつてワシントン DC 郵便局の前には、ハーバード大学エリオット総

長の「手紙（The Letter）」という詩が石に刻まれていた。

「愛と思いやりを届け　別れた友との懸け橋となり　わびしい心を癒し　遠く離れた家族をつなぎ　私たちの日々を豊かにします／ニュースと知識を運び　商業と産業の助けとなり　世界の人々の間に互いの理解を深めて　平和と親善に貢献しています」[7]

この詩も、文書や手紙の送達という郵便の仕事は、「人の意思や事実を伝える情報」そのものを運ぶものであり、従って人間のあらゆる営みの根幹となるものであることを見事に歌い上げている。ここにも郵便の経済的、社会的、文化的役割と公益性の原点を見ることができる。

さらに、「人の意思や事実を伝える情報」を運ぶという郵便の機能に着目して、万国郵便条約や郵便法によって定められている個別の公益的サービスが多数存在している。例えば、新聞や定期刊行物を低料金とする第三種郵便物制度、裁判所からの通知を確実に本人に届ける特別送達制度、手紙の内容や引受時刻などを証明する特殊取扱制度、盲人用点字郵便物の無料制度等々である。これらは、郵便が国民1人ひとりに保証された基礎的通信手段であることに鑑み、長い歴史の中で出来上がったもので、今日ではほぼ世界各国共通のサービスとなっている。

（4）競争政策の導入

ところで、2003（平成15）年の郵政公社化に合わせて、信書送達の分野に民間参入を認める「民間事業者による信書の送達に関する法律」が施行された。明治以来、国の独占事業として運営されてきた「信書」の送達が民間に開放されたわけである。これに基づき、総務省の許可を受け、地域を限定して付加価値の高い特定の信書の送達を行う「特定信書便事業者」と呼ばれるものが現在全国で450社ほど誕生している。しかし、全国規模ですべての信書の送達を行う「一般信書便事業者」は未だ現れていない。

国または公企業によって独占的に提供されてきたサービスが、競争政策の導入によって新規参入が認められるようなると、そのサービスの政策的意義が薄れ、従ってその「公益性」は以前よりも低下したと見る向きもあるかもしれない。しかし、信書の送達に関しては、現段階においてはそうした議論は時期尚

早である。何故なら、目下のところ新規参入状況は極めて限定的であり、全国的規模で信書の送達を行い、ユニバーサルサービスの提供義務が法律[8]によって課されている事業者は現在のところ日本郵便（株）とその親会社である日本郵政（株）の日本郵政グループだけであるからである。

また、近年の郵便（民間宅配便と競合するゆうパック、ゆうメールを除く狭義の郵便）の需要動向を見ると、ファクシミリや電子メールなどの電気通信の普及発達によって、2005（平成17）年度から2014（平成26）年度までの10年間では年平均約2.6％の減少を続け、2014（平成26）年度末で182億通となっている。これは郵便が最もピークであった2001（平成13）年度の263億通から見ると30.9％もの減少となっている。こうした郵便の長期漸減傾向は今や世界各国共通の現象となっており、今後ともこの傾向は持続していくものと考えられる。しかし、郵便は「現物性」「直筆性」を特徴とする基礎的通信手段として、通信分野においてなお固有の領域を確保し続けていくものと考える。

3. 郵便局金融サービスと公益

(1) 郵便貯金の本質

日本の郵便貯金事業は1875（明治8）年に始まっている。1871（明治4年）年に創業された郵便事業は、翌年には早くも北海道の一部を除きほぼ全国に展開されるようになり、2年後の1873（明治6）年には均一料金制や事業の政府専掌が正式に決まり、ここにきて我が国の近代郵便制度の骨格が完成することとなったのである。また、創業以来「一村一局」を目標に全国各地に作られていった郵便局は、地方の篤志家、素封家の人達の協力を得て年々増加の一途をたどり、1874（明治7）年にはその数が3,200を超えるまでになっていった。

そこで、前島密はかねてから考えを温めていたイギリスの郵便局で行われていた郵便貯金（Post Office Savings Banks）を我が国にも移植しようとしたのである。当時の「貯金預リ規則」の提案理由には「細民ヲシテ節倹ノ余金ヲ蓄積セシメルハ、其資産ヲ保シ、窮厄ヲ護シ、風俗ヲ厚クスルノ一端ニシテ」と記すとともに、創業に際し駅逓頭前島密の名前で出された広告文の中でも「節倹ノ風ヲ興シ、余金アラバ之ヲ貯蓄シ、ソノ健時壮時ニ在リテ凍餒ノ難ヲ防ギ、

兼テ産業資本ヲ堅フシ」と述べている。

　また、前島密は晩年、郵便貯金開始を振り返って「我国民中下層に居るものは由来貯蓄心に乏しく、殊に東京人中には宵越しの銭を持つは恥なりとすら心得るもの多く、為に貧困に加ふるに風紀甚だ乱れ、（中略）之が防止策としては儒学は勿論、仏教を以て教誨するも其効極めて薄ければ、寧ろ恒産ある者は恒心ありとの格言の如く、経済上の慣習に依り貯蓄心を養成せしむるの優れるに如かずと信じ」[9]とも述べている。

　即ち、予期せぬ病気や急な家族の不幸、突然襲ってくる災害等に備えて、元気な時に少しでも貯金をして、庶民の生活を安定させようと考えたもので、天災や干ばつに備えて穀物を備蓄しておく、いわゆる備荒貯蓄の発想であった。こうした前島密の貯蓄を促す考え方は、その後明治政府の大方針となり、1879（明治12）年には明治天皇の勅語に基づき「勤倹貯蓄」が国民に布告され、その普及啓発の大きな推進力となったのが郵便貯金であった。

　ところで、この時日本に移植されたイギリスの郵便貯金は、1861年に自由党のグラッドストーン蔵相によって開始されたものである。当時のイギリスは産業革命によって多くの工場労働者が出現していたが、劣悪な労働環境の下での彼らの悲惨な生活を改善すると同時に、集めた資金で社会インフラの整備をしようと、一石二鳥の政策を考えたのがグラッドストーン蔵相であった。そして、彼はまた4年後の1865年には、労働者のための郵便保険（Post Office Assurance）を創設している。これが後述する我が国の「簡易保険」に相当するものであることは言うまでもない。

　結局、郵便貯金は庶民、労働者のための少額貯蓄制度がその本質であり、戦後も国営時代、公社時代を通して存在していた郵便貯金法（1947（昭和22）年公布）[10]によって「ユニバーサルサービス」「元利金に対する国の保証」「貯金総額の制限」「利率の決定原則」等その社会政策的精神と仕組みが連綿として引き継がれてきたのである。勿論、バブルの崩壊や金融自由化を経た今日では、郵便貯金だけが庶民、労働者のための金融サービスを提供しているわけではない。一般民間金融機関も今や庶民、大衆へのサービスにも力を入れていることは事実である。しかし、明治以来の長い歴史の中で、好況の時も不況の時も、常に一貫して国民利用者1人ひとりの零細な貯蓄を守り続けているのは郵

便貯金なのである。

(2) 簡易保険の本質

簡易保険は1916（大正5）年に大隈重信内閣の英断により創業されている。その源流は、前述したイギリスの郵便保険（Post Office Assurance）にある。即ち、我が国は日露戦争が終了した1905（明治38）年ごろから急速に産業が発展し、多くの工場労働者が生まれてきたが、一家の大黒柱である彼らに万一のことがあった時、その遺族が路頭に迷う姿が多くなり、これが大きな社会問題に発展してきたのである。そこで、かねてより「社会政策としての小口生命保険」の必要性が議論されていたが、民業圧迫あるいは時期尚早の声に押され実現を見ることはなかった。しかし、労働運動の台頭やこうした悲惨な賃金労働者の救済に対処すべく、政府はついに小口生命保険導入の英断を下すことになったものである。

また、小口生命保険は資力のない大衆を相手にすることから経営上大きなリスクを負うことや、多数の小口保険を募集し、集金して、これを維持管理する手間を考えれば、これは全国7,200の郵便局において「官営独占」で行うのが最も適当であるとの結論になった。

1916（大正5）年の衆議院本会議における簡易生命保険法案の提出理由を当時の箕浦逓信大臣は次のように述べている。

「（中略）比較的低廉なる料金を以て又簡単なる手続きに依り安全なる基礎の上に保険の恵沢に多数の下級社会をして浴せしむるといふ事が緊要なる方法である（中略）普通保険の及ばざるところを補うものでありまして決して普通保険と競争するものではない。（中略）元来この簡易保険といふものは独占的傾向を持つものであります。小さな小口の金を沢山集めて而もその金を小さなものを尚細分して小切って取る。年に一度とか或いは二度とかいふのではなくして、或いは月に一回あるいは一週に何回といふ様に小切って細分して取るのでありますから至極手数が掛る。又向ふから保険料を持ってくるのではなくして此方から取集める。集金に出掛けて行くといふのでありますから非常に手数が掛かる費用が掛かる。おまけに、これは医者の診察をしないのであります。素人の目で見るだけで被保険人を選択するという訳でありますから謂はば危険が

多い。そう言ふものでありますからどうしてもこれは余程大仕掛けに大規模をもって経営しなければやり切れない。とても小規模では行うことができぬ性質のものである。故に、若しこれを民営の自由競争に放任致しましても結局一つか二つの有力会社に独占されるという運命を持つのであります」[11]

「一人は万人のために、万人は一人のために」と言われるように、保険は集団による相互扶助がその本質であり、生命保険会社が相互会社形態をとる所以でもある。そして、保険は貯金と同様人々の生活安定のためには欠かせないものである。特に、生死にかかわるような重大な事態が発生すれば、その後必要とされる出費は貯金では到底賄え切れるものではない。ここに保険の最も大きな効用がある。

また、簡易保険はその字の通り、簡易な手続きで、誰でも加入しやすくなければならない。そのため、保険金に一定の限度額を設けるものの、医師の診査を要せず、保険料は月掛集金とし、万一の時の保険金は必ず遺族に手渡し、遺族が当面の生活資金で困らないようにしなければならない。こうした、民間生命保険会社が扱う普通保険とは様々な点で違いが工夫されたのである。

1946（昭和21）年8月簡易保険の「官営独占」は廃止されたものの、小口生命保険制度の社会政策的精神はそのまま新しい簡易生命保険法（1949（昭和24）年公布）に承継され、「ユニバーサルサービス」「政府保証」「保険金限度額」「無審査」「保険金の譲渡禁止」「保険金の差押禁止」「保険金受取人に関する遺族主義」等の規定が定められていた。

結局、簡易保険の公益性の原点は、それが庶民、労働者のための小口生命保険制度であるという社会政策的機能にある。

(3) 民営化とその見直し

2007（平成19）年、小泉内閣が断行した郵政民営化によって郵便貯金法、簡易生命保険法が廃止された。郵政民営化法によって新しく誕生した（株）ゆうちょ銀行、（株）かんぽ生命保険は銀行法、保険業法の下に置かれ、収益性を基本とする一般商業銀行、一般生命保険会社と何ら変わらない位置づけとなったのである。その結果、これまで郵便貯金や簡易保険の最も大きな特徴であった全国あまねく公平にサービスを提供するという「ユニバーサルサービス」

に対する法的担保措置が失われ、過疎地や離島などの採算性が問題になりそうな地域では今後郵便局金融サービスの提供が必ずしも保証されなくなってしまった。加えて、金融2社の親会社である日本郵政（株）の株式を国が保有することによって金融2社に対する国の間接的な出資が残ること等を理由に、当分の間、金融2社については「預入限度額規制」「保険金限度額規制」を残すとともに、「新規業務規制」等をも課したのである。

　こうした当初の郵政民営化は、身近な郵便局を通じて長年郵便貯金や簡易保険に親しんできた多くの国民利用者の不安を呼び起こし、民営化見直しの動きにつながっていったのである。その結果、政権交代を経た2012（平成24）年4月、野田内閣の下で民営化見直しに関する与野党の合意が成立して郵政民営化法が改正[12]され、郵便事業会社と郵便局会社の統合が実現するとともに、新設された7条の2の規定により郵便局金融サービスの「ユニバーサルサービス」が復活し、「郵政3事業の郵便局での一体提供」というまさに創業以来国民利用者に親しまれてきた郵便局のワンストップサービスが将来に向かって担保されることになったのである。

(4)　郵便局金融サービスの公益性

　郵便貯金や簡易保険が始まったのは今から100年以上も前の明治、大正の時代である。そして、それは庶民、労働者のための少額貯蓄制度、小口生命保険制度という社会政策的機能の強い金融サービスであり、当時の民間銀行や民間保険会社には期待することは難しかったものであった。その後我が国は幾つもの時代を経て、今日では郵便局だけがそうしたサービスを提供できるという時代ではなくなっていることも事実であろう。しかし、それでも郵政民営化の見直しが国民的合意の下で行われ、郵便局金融サービスのユニバーサルサービスが復活したということは、つまるところ国民利用者は全国どこでも身近な郵便局を通じて、郵便貯金や簡易保険が引き続き個人金融分野の基礎的金融サービスとして今後とも提供されることを強く望んでいるということである。

　従って、郵政事業は民営に移行しても収益第一ではなく、「ユニバーサルサービス」に象徴されるように、個人金融分野における社会政策的役割を引き続き志向しなければならない使命があり、そこが他の民間金融機関とは依然として

違うところなのである。
　我が国は現在4人に1人が65歳以上という高齢社会を迎えている。そしてこの勢いは今後益々強くなり、2050年には3人に1人が65歳以上になるとも言われている。また、我が国は戦後世界第2位の経済大国にまで登りつめたものの、その後長引くデフレ経済を経験する中で、今や非正規雇用労働者が1,000万人を超えたともいわれている。こうした時代背景の下、国民の日常生活や老後に対する生活不安を少しでも解消していくためには、国の社会保障制度や公的年金制度の充実が喫緊の課題であることは言うまでもないが、それにすべてを頼るのではなく、1人ひとりの国民に平素から貯金や保険による「自助努力」を促すことが賢明である。
　郵便局ネットワークを通じてすべての国民に平等に基礎的金融サービスを提供する郵便貯金や簡易保険は、そのための社会システムとして極めて有効な存在であり、ここに今後とも郵便局金融サービスの役割と公益性の原点があるものと考える。特に、近年民間金融機関や農協、漁協が過疎地における店舗を閉鎖する傾向が強い中で、誰にも優しい郵便局ネットワークが維持され、その窓口やATMを利用して全国どこでもお金の出し入れができることは、それこそ多くの国民利用者にとって大きな利便の提供になっているものと考える。

(5)　公的分野への資金供給

　郵便貯金によって集められた資金は、日常の払戻しの原資に充てるものを除き、創業当初から全額大蔵省に預託されてきた。戦後も大蔵省資金運用部に預託され、国民年金、厚生年金資金等とともに一元管理され、国の財政投融資の原資として国の財政政策、経済政策を支える大きな柱となり、主に住宅、下水道、道路、港湾、学校等の社会インフラの整備に使われてきたものである。2001（平成13）年、財政投融資制度が廃止されて、郵便貯金資金は郵政当局による全額自主運用体制に移行された。しかし、郵便貯金は一般商業銀行と違い、企業貸付等が認められていない中では、それは資金の運用方法が「大蔵省への預託」から「国債の市場での直接購入」に切り替わっただけの感が否めない。その後、公社化、民営化を経て、適切なリスク管理の下、外国証券等をはじめとする資金運用対象の多様化が進みつつあるものの、それでも2015（平

成27）年3月末現在では、運用資産205.8兆円の約54.5％を国債・地方債が占めている状況にある。

　一方、簡易保険の資金は創業当初から「公共ノ利益ノ為ニ之ヲ運用スベシ」（1917（大正6）年簡易生命保険積立金運用規則第2条）と定められ、国債購入と公共貸付が主眼で、次いで地方債購入等に力点が移っていった。この創業当時の運用方針は、戦後も国の財政投融資計画に協力しながら、郵政当局による運用の基本方針となっていた。2003（平成15）年の郵政公社化によって、それまでの「簡易生命保険及び郵便年金の積立金の運用に関する法律」は廃止され、その後更に2007（平成19）年の郵政民営化によって、資金運用対象の多様化が一段と進みつつあるものの、2015（平成27）年3月末での運用資産84.9兆円に占める国債・地方債の割合は67.7％と依然として高く、公的分野への資金供給という性格は余り変わっていない。

　民営化によって郵便貯金資金や簡易保険資金の運用主体は（株）ゆうちょ銀行、（株）かんぽ生命保険という一般民間会社になったとはいえ、いずれの資金も個人金融分野で集めた少額貯蓄、小口保険料の集合体であるという性格は今までと変わっていない。従って、「企業性（収益性）」の発揮を目指して適切なリスク管理の下、運用対象の多様化を一段と進めなければならないものの、資金の性格にふさわしい安全確実な運用、預金者や契約者の身近なところへの還元融資（地方公共団体への貸付、預金者に対する教育資金や住宅ローン貸付）に努めるとともに、公的分野への資金供給にも配意しつつ運用していくことが求められるものと考える。

4．郵便局受託業務と公益

（1）　郵便局受託業務の本質

　全国津々浦々に設置された郵便局が、国民の最も身近な国の機関であったことから、各省庁や公的機関が国民との間で、主としてお金のやり取りをする時の窓口として郵便局を利用できるようにしたのが郵便局受託業務の始まりであった。例えば、年金・恩給の支給（厚生労働省）、税金の収納還付（国税庁）、印紙や国債の販売（財務省）、電話料の収納（NTT）、放送受信料の収納

(NHK) 等々である。即ち、郵便局受託業務の本質は「郵便局ネットワークの活用業務」のひとつに他ならない。国営・公社時代はその都度法律上の根拠を設けて相手方と受委託契約を締結し、郵便局の窓口で取り扱いができるようにしてきたのである。

しかしながら、現代は高度情報社会であり、また我が国では1人ひとりの国民が自分の銀行口座を持つ時代である。公共料金の振り込みや自動振替等簡単な送金決済は今や郵便局だけのものではなく、全銀システムによってすべての民間金融機関が相互に接続されその窓口やATMで、さらには近くのコンビニ窓口でも簡単に受け付けられる時代である。従って、郵便局ネットワークの活用方法をお金の出し入れの視点だけで考えるのでなく、新しい時代にふさわしい活用方法を考えていくと、実はその将来は無限に広がっていることが分かる。

ネットワークを開放するパートナーをこれまで通り公的機関に限定するのか、それともビジネスとして広く一般企業にまで拡大するのかによって郵便局の様相も変わってくることになろう。諸外国の郵便局では、パスポートの申請受付（アメリカ、イギリス）、宝くじや文房具の販売（イギリス）、鉄道・バスの乗車券の販売（フランス）、コンサートチケットの販売（ドイツ）等々、既に様々な活用事例がある。民営化の見直しによって、2012（平成24）年に郵政民営化法が改正され、新設された7条の2で示された「公益性」と「地域性」という郵便局ネットワーク活用上の指針に従って、今後様々な分野の民間企業との提携が展開されていくものと思われる。

(2) 総合生活サポート拠点

国民が日常生活を営む為に必要な施設は小学校、郵便局、交番、病院、商店等である。現在、郵便局は全国に24,500局ばかり置かれているが、これは義務教育施設としての小学校（21,000校）の数とほぼ同じである。そのため、国民にとって平均すれば約1.1KMの歩いて通える範囲内に小学校や郵便局があることになる。その郵便局の窓口で郵政3事業である郵便、貯金、保険は勿論、3事業の周辺にあるサービスや地域によっては簡単な行政手続き等も出来るようになれば大変便利であることは間違いない。

郵政事業は民営化を経て、民間金融機関との提携による ATM の接続や投資信託・がん保険・自動車保険等の金融商品の受託販売、百貨店との提携による食品や生活用品のカタログ販売、さらには地方自治体との提携による「高齢者見守りサービス」等を開始し、この十年ばかりで一定の実績を上げるまでになっている。すべての人に優しい郵便局を今後さらに人々の日常生活に必要な広範なサービスを提供する「総合生活サポート拠点」に発展させていくことができれば、それは郵便局の「公益性」と「企業性（収益性）」の新しい時代のバランスを象徴するものになるであろう。

おわりに

　郵政事業と公益について、その原点に遡って見てきたところである。明治以来この方、全国津々浦々に設けられた郵便局を通じて、あまねく公平に基礎的通信サービス、基礎的金融サービスを提供することによって、国民1人ひとりの安定した暮しを支援するという郵政事業が果たしてきた公益的役割は、我が国がこれから迎えようとしている 21 世紀の高度情報社会、超高齢社会においても少しも変わらないだろうというのが私の結論である。

　近年郵政事業は国営から公社へ、公社から民営へとその経営形態は大きく変わったものの、そこで行われている事業やサービスの本質[13]は変わっていない。

　経営形態の変更は、郵政事業が国営で独占的にサービスを提供していた時代から、民営で競合的にサービスを提供する時代になったということで、そうした状況に適切に対応できるよう公企業の2つの経営理念である「公益性」と「企業性（収益性）」のバランス調整が行われたと受け止めるべきである。即ち、公社化・民営化によって国の公務員制度（ヒト）、国有財産制度（モノ）、会計制度（カネ）から解き放たれ、柔軟な人事管理や資金・資産（不動産、郵便局ネットワーク）の多角的な利活用を促し、「企業性（収益性）」の発揮が大いに進展していくと思われるが、それによって事業本来の目的である「公益性」が縮小若しくは後退していくということではないのである。

　2015（平成 27）年9月、総務省の情報通信審議会が試算した郵政事業のユ

ニバーサルサービスコストは郵便が1,873億円、郵便貯金が575億円、簡易保険が183億円とのことである。これに対して「必要な政府の措置」(郵政民営化法第7条の3)がどのようなものになるか現段階では明らかではないが、郵政事業はこうした厳しい負担を抱えながらも、新しい「企業性(収益性)」を身にまとい、これからの時代も国民利用者1人ひとりの安心安全の拠り所となって歩み続けることになるものと思われる。

（足立盛二郎）

注
1) 「郵政事業」の定義はこれまで法律上どこにもなかったが、郵政民営化の見直しにより2012（平成24）年4月郵政民営化法が改正され、その第1条の中で新たに定義された。
2) 明治の初め、郵便局が全国に瞬く間に作られていく様子については、司馬遼太郎の「この国のかたち（二）」(文春文庫、1993年)「一風景」(205頁)に紹介されている。
3) 万国郵便条約は普遍的な郵便サービス（ユニバーサルサービス）とは、「質を重視した郵便の役務であって、すべての利用者が、加盟国の領域のすべての地点において、恒久的に、かつ、合理的な価格の下で提供を受けるもの」と定義している。
4) 郵便法（1947（昭和22）年公布）はその第1条で郵便のユニバーサルサービスを宣言している。
5) 「信書」とは、1904（明治37）年11月28日の大審院判決ならびに1958（昭和33）年1月16日の最高裁判決で示されていたが、2003（平成15）年の郵政公社化に合わせ信書送達の分野に民間参入が認められることとなったことに伴い、改めて郵便法第4条2項で明確に定義された。
6) ギリシャの歴史家ヘロドトスの「ペルシャ戦争」第8巻98パラグラフ。
7) かつてワシントンDC郵便局の入り口にあった碑は、現在スミソニアン博物館の中にある国立郵便博物館に収蔵されている。
8) 郵便のユニバーサルサービス提供義務を規定した法律は、郵政民営化法7条の2、日本郵政株式会社法5条、日本郵便株式会社法5条、郵便法1条及び2条である。
9) (財)前島会が1955年に発行した前島密の自叙伝『鴻爪痕』96頁「郵便貯金開始」。
10) 郵便貯金が「少額貯蓄制度」であること明示したものとして郵便貯金法には規定があった（第1条および第14条2項）。
11) 郵政省簡易保険局編『創業50周年記念 簡易生命保険郵便年金事業史』1966年、31頁。
12) 改正郵政民営化法（2012（平成24）年4月27日成立）では新設された第7条の2の規定により、日本郵政（株）と日本郵便（株）に対し、郵便局での金融ユニバーサルサービスの提供義務を課すとともに、郵便局ネットワークの活用に当たっての「公益性」「地域性」という指導理念を明確にした。なお、郵便局での金融ユニバーサルサービス提供義務を負っているのは日本郵政グループの親会社である日本郵政（株）とその子会社で郵便局ネットワークを所有している日本郵便（株）であって、銀行法、保険業法の下にある（株）ゆうちょ銀行、（株）かんぽ生命保険ではない。
13) 「郵便」「郵便局」「郵政事業」という言葉の中で使用されている「郵」という漢字の語源は、左側の「垂」は草木の穂が垂れるという象形で、国土の果て、辺境の地を意味し、右側の「おおざと」は板で囲った人が住む宿駅を意味し、結局「郵」とは「辺境の地にある宿駅」という意味である。このことからも、都会も田舎も含めたあまねく公平なサービス、即ちユニバーサルサービスを提供するのが郵政事業の本意であると言えよう。

参考文献

　郵政事業の変遷とその時代背景を知るうえで、以下の文献が大変参考になりました。
　ここに記して、関係の編者、著者に厚くお礼申し上げます。

石井晴夫　武井孝介『郵政事業の新展開』郵研社、2003 年。
井手秀樹『日本郵政』東洋経済新報社、2015 年。
小林正義『みんなの郵便文化史』にじゅうに、2002 年。
(財) 前島会『鴻爪痕』一二三書房、1955 年。
全逓信労働組合『21 世紀の郵便局を目指して』郵政弘済会、1989 年。
田中弘邦『国営ではなぜいけないのですか』マネイジメント社、2004 年。
永岡茂治『郵便の経営学』郵研社、2001 年。
長谷川憲正「郵便局の復活」通信文化新報、2012 年。
原史郎・山口修『郵便貯金』ぎょうせい、1982 年。
東谷暁『郵政崩壊と TPP』文藝春秋、2012 年。
藤野次雄・田尻嗣夫・糸瀬茂・保坂尚郎『金融ビッグバン・IT 革命と郵貯・簡保』日本評論社、2000 年。
松原聡編『現代の郵政事業』日本評論社、1996 年。
松原聡『郵政民営化でこう変わる』角川書店、2001 年。
薮内吉彦『日本郵便創業の歴史』明石書店、2013 年。
山口修『かんぽ 80 年』一二三書房、1997 年。
郵政省簡易保険局編『創業 50 周年記念　簡易生命保険郵便年金事業史』(財) 簡易保険加入者協会、1966 年。
郵政省編『郵政百年史』吉川廣文館、1971 年。
郵政省郵務局郵便事業史編纂室『郵便創業 120 年の歴史』ぎょうせい、1991 年。
郵政省郵政研究所『郵貯簡保の最新事情』東洋経済新報社、1996 年。
郵政グループ各社のディスクロージャー誌、2015 年。

第4章
中小企業と公益性

はじめに

　「中小企業と公益性」という主題は、一見きわめて違和感のあるものかも知れない[1]。もちろん、あらゆる経済活動とそれを担っている企業などは、広義には何らかの公共性、すなわち公共の利益があるからこその存在であり、逆にそれを損なうような活動には社会の批判があり、あるいは公共の利益を守るための諸法制・諸規制によって排除ないしは制約を受けることになる。しかしまた、企業自体を起こす、これを営むことにおける主観的な動機や目的性には、個人の経済的な利益実現、あるいは「成功願望」、「社会的地位」期待などの、「私益的」・個人主義的な動機が強く働いていると見ることもできるし、それは狭義の「公益性」とは整合しない、というより、整合ばかりを意識していたら「やっていけない」状況の方が多いかも知れない。極論の誹りを恐れずに言えば、「公益性」とは直接には矛盾するかのような個々の経済主体の営利的行動が、総和として市場経済の成長と最適資源配分をもたらすのであり、これがさまざまな利害対立や矛盾をはらむのに対し、望ましい社会秩序維持と成果配分を可能にするような規制を行うのが「社会的選択」（アロー）だという通説的理解がある。その限りでは、中小企業を起こし、営む個々人こそが市場経済の典型的担い手とされるかも知れない（Stanworth & Gray 1991；Storey 1994）[2]。特に80年代以降の「新自由主義」の隆盛には多分に、「市場経済の復権」と、ハイエク的な企業家論の影響が大きい。
　もちろん通説的（新）古典派的「市場経済」理解に対しては、新旧の批判的な意見や、数々の異なる存在の検証がなされてきた。「見えざる手」による自由主義市場経済の予定調和性を強調したかのようなA.スミスが、他方で「道

徳情操論」を説き、経済主体自身の拠って立つ価値観、モラル観を前提として強調したことも著名であり、今日に至る公益性の経済学の原点ともできるところである。さらにまた、市場経済の歴史的勃興と広まりは常に、異なる原理と目的を持った「非営利部門」の存在とともにあったのであり、それ抜きには経済社会は安定的に機能しないという歴史的事実も、今日では広く認められるところである。「寄付」「奉仕」「社会的責任投資」、あるいは「協同」「社会的事業」などの伝統は、「市場経済」以上に古い（Defourney & Mozon Campos 1992；谷本 2003；Evers & Laville 2004）。そしてまた、以下でも見るように、企業存在と社会、公共世界との関係をいまいちどとらえ直そうとする主張も再び活発となっているのである。

　小松（2002）は「公益学」の必要を説くにあたり、本来個人や個々の企業の私益とは別個に、公共の利益に貢献すべき行政や「公益法人」、「公益事業」などがその趣旨を外れている実態を批判し、公益理念を問い直すことを提起している。公益原理は市場原理と調和できるし、営利法人の企業にさえ、公益活動の側面はある。基本的に重要なのは、ニーズにこたえる公益の明確な目的性・社会性であり、需給両者間の信頼関係であるという。

　こうした前提認識の上に立ち、「中小企業と公益性」という問題設定を、以下のように4つの側面、論点から考察する。第1には企業活動一般と公共性公益性の視点、社会的責任の問題がある。第2には、entrrepreneurshipとしての企業を起こす意思、目的と社会性、事業目的との関係である。第3には、中小企業の集団としての公益性の観点があり、中小企業の共同的な「組合団体」の存在と果たすべき使命が検討される。さらに第四には、個人としての中小企業企業家の意識、とりわけ後継者のマインド形成と選択・行動における「使命感」と思い、理念性としての「公益性」観点の重要性を指摘検討する。

1. 企業の社会的責任論と公益性

　今日にあっては、「企業の社会的責任」の観点は自明かつ当然のものになっている。とりわけその存在自体、また企業活動が直接に社会に多大の影響を及ぼすものである巨大企業、多国籍企業に対しては、CSRの観点抜きにはどの

ような議論も成り立たないと言えよう。その意味で、ISO26000 があげた、組織統治、人権、労働慣行、環境、公正な事業慣行、消費者問題、コミュニティへの参画及びコミュニティの発展という 7 つの「社会的責任」課題は普遍化共有化されていると言える。

一方で、中小企業・マイクロ企業[3)]にはこうした社会的課題は無縁であるのだろうか。たとえば EU 欧州連合の中小企業政策にあっては、環境問題や社会的責任対応がサプライチェーンなどを通じて中小企業に過大な負担を課することに危惧を示し、支援政策の必要とともに、むしろこれを中小企業の事業機会とすることを求めている（三井・堀 2008）。同時にまた、中小企業「だから」、環境問題や社会的責任課題にかかる規制を免れるとか、条件づきでよいとかいった議論にもならない。あらためて想起されるのは、中小企業の適応に政策的支援のあるべきこと、そして中小企業がその専門性や規模的特徴、多様性機動性を生かし、社会的な事業目的自体につよく傾く、そうした志向性の可能なことだろう。巨大な企業が存在自体の責任を問われるのとは異なる意味で、社会性を自らの存立の基盤とすることも十分あり得るのである。

それでは、今日企業を起こし、事業を営もうとする主体としての企業家存在自体はどうだろうか。P. ドラッカーは「企業家経済」を掲げ、イノベーターとしての企業家の存在を重視するとともに、企業自体の存在意義に公益性を欠いてはならないと繰り返し説いた（Drucker 1985; 1993）。そして、知識主導経済の時代には経済活動、企業の存在の意味が変わってきているとし、「社会セクター」の重要性不可欠性とこれを担う主体に強い関心を寄せた。近年にあっては、「競争戦略」「産業クラスター」の議論を展開してきた M. ポーターが、CSR 概念を意識するかたちで CSV（Creating shared value）の概念を提唱し、企業の目的は狭義の利益追求ではなく、（社会的）価値をともに作り出すこと、共有することであるとし、営利と非営利の境界を越えるべきとする（Porter & Kramer 2011）。視点は違うが、近年隆盛を見ている「エコシステム」概念からすれば、企業の存立自体が、制度的・社会的・文化的環境から切り離しえず、また互いに競い合うだけでなく、産業の枠組みを超えた協力共存の関係をもって存在し、発展進化を遂げるものであるとされる[4)]。EU においても、近

年は「責任ある企業家精神」（responsible entrrepeneurship）の語が多用され、所得機会を超え、公益性と社会的責任性を意識した企業家の役割に大きな期待がある（三井　2011：266頁）。

　もちろんこうした議論をたどれば、日本で古くからある「家訓」としての経営精神、代表的には近江商人の「三方良し」家訓のような、公益性を意識した主張を源流とすることも可能である（三方　2009）。言い換えれば、社会性公益性を欠いたかたちで、長期間持続できる企業経営という方がむしろ困難であり、また決して容易な道でもない。しかしまたその現実が、企業を起こし、営み、維持していこうとする企業家たちにはどのように、どのくらいまで如実に意識されているのか、そうした主体的主観的な側面にも、より深く考察を加える必要がある。

2. 近年の起業者と社会性公益性意識、社会的企業

　諸般の調査等に拠れば、新たに事業を起こそうとする企業家＝起業家のマインドには、概しておのれの個性や夢、あるいは持てる能力の実現、いわゆる「自己実現」の意思、さらに経済的成功と報酬、社会的な地位と評価を勝ち得ることを強く意識すると言える。過去に行われた企業家に対する意識調査ではそうした傾向が見て取れ、たとえば2006年の『中小企業白書』の起業の理由に関する調査で、「仕事を通じた自己実現」が35.5％で第2位、「専門的な技術・知識を生かす」が30.1％で第4位、「より高い所得を得る」が25.6％で第5位を占めている（複数回答による）。もちろん、この調査では第1位の回答となっているのが「自分の裁量で仕事がしたい」（49.3％）、第3位が「年齢に関係なく働ける」（30.9％）と「ワーキングライフのあり方」が意識される傾向が強く、近年の起業者が比較的高年齢で、また労働市場の「主流」から排された人々、「日本的雇用慣行」に飽き足りない人々の起業志向が顕著であることも見落とせない。「意識調査」では概して世間体のよい「体面」や「建前」意識が前面に出がちであることも留意すべきであろう[5]。

　しかしなお、創業企業家のあいだでは、近年「社会貢献」の観点が強く意識される傾向も見られる。上記調査で第6位の回答は「社会に貢献したい」

(22.4％) である。これにはもちろん「世間体」意識も現れているだろうが、のみならず、実際に近年起業を志向する人たちの事業目的自体として、社会的な課題の解決、すなわちいわゆる「社会的企業」を意図する流れが顕著である。これはそれだけ、社会問題の現実が切迫しており、「誰かがその解決を図らねば」という思いがさまざまな層に広がっていること、他方また、うがった見方に立てば、「営利企業」としての自立自活を今日容易に展望しがたいから、「社会に貢献し、また社会に支えられる」事業体の姿の方が描きやすく、手をつけやすいという状況を反映しているとも見ることができる[6]。そのこと自体は結果として、今日の企業家を志す人々に強い社会性意識があり[7]、当然ながら取り組まれる事業は公共性公益性を顕著に有していると見ることができる[8]。近年のNPO法人の新規開業（認証）数はきわめて多く、2016年2月末現在で総数は50,822法人に達している[9]。

こうしたNPO法人などに対し、ソーシャルビジネス研究会（2008）、日本政策金融公庫（2015）などが指摘するように、財政基盤の脆弱さ、経営の安定性確保などの課題が挙げられ、ガバナンス強化が問われてきた一方で、たとえば日本政策金融公庫国民生活部門がNPOなど社会的企業向け融資制度を設け、拡大するなど、支援環境が広げられている[10]。それゆえ、今日では新創業企業、そしてこれに対する支援策自体が強く社会性を帯びているものと見ることができる。

そうした傾向が、さまざまな意味で望ましいことなのかどうかは、あらためて問われねばならない。たとえば、NPOであるということだけで行政や消費者らの信頼を得ることができ、時にはそれを悪用する詐欺まがい商法すら出現している。逆に、知名度の低い企業組合などは容易に信認を得られない、あるいは株式会社であることがすなわち営利性第一で、公益的な事業や活動とは対極にあるような印象を与える、といった状況の横溢は否定できない。それとともに、公益性を押し出すことで、無償の労働や貢献に寄りかかり、結果としては市場経済の中での持続可能性が怪しくなるだけでなく、むしろ労働市場を混乱させ、条件の悪化を招く恐れもあり得る。当然ながら、社会的企業家と事業における適正なガバナンス[11]、公益性と事業性のあいだの均衡も常に問われ

る。

　対照的に、極端には営利性高い事業で収益を稼ぎ、これを公共目的で貢献還元するのも、企業の社会貢献だという主張も成り立つ。しかしそれは著しくバランスを欠いた議論であり、その「事業」自体が社会的に妥当で、関係者を含めて公益を害するものではないという前提が当然必要である。のみならず、事業を築き、営んできた企業家や従事者、関係者らが主体的に社会性公共性をどこまで、どのようなかたちで意識しているのかは、単なる主観論で片付けられない課題なのである。

3. 中小企業の協同組織と公益性

　中小企業の協同組合等の組織が広く存在し、法によって制度化されていることは意外に知られていない。1949年に制定された中小企業等協同組合法第一条では、「この法律は、中小規模の商業、工業、鉱業、運送業、サービス業その他の事業を行う者、勤労者その他の者が相互扶助の精神に基き協同して事業を行うために必要な組織について定め、これらの者の公正な経済活動の機会を確保し、もつてその自主的な経済活動を促進し、且つ、その経済的地位の向上を図ることを目的とする」と定めている。相互扶助、協同、公正な活動機会、経済的地位の向上といった基本的概念が明示されているのである。これによって結成認可された中小企業事業協同組合の数は29,154、商店街振興組合は2,515、企業組合は1,847、協業組合は799となっている（2015年3月現在）[12]。企業組合のように、資本も労働も共同化一体化して事業を営む形態を別として、基本的には独立した企業経営の構成する協同組織であり、前身は1884年制定の「同業組合準則」にまでさかのぼる。のちの「重要物産同業組合法」「産業組合法」（1900年）に継承されたように、小規模で技術力経営力の弱い中小業者の経済的基盤を強化し、殖産興業と輸出振興策を推進する手段として、組合組織の必要性が求められてきた。戦後は、米占領軍下での「経済民主化政策」とこれが結びつき、競争促進的な理念との矛盾をはらみながらも、経済再建と中小企業の対抗的経営力強化に向けて中小企業の相互扶助的組合組織の果たす役割が重視され、また協同組合原則による組織構築運営が求め

られ、中小企業協同組合法制定に至ったのである。

　以来70年近くを経て、中小企業の組合団体の存在には批判的な見方も強まってきた。新自由主義的な市場原理至上論が影響を広げると、こうした組合団体は競争を制限し、既得権を守ろうとするものだとする主張が前面に出、1999年の中小企業基本法改定と関連する諸立法などでは明らかに、組合否定論の流れを反映するものとなった。とりわけ、戦前戦中の統制組織、調整組合という性格を戦後に継承した「商工組合」（1957年中小企業団体組織法にもとづき、都道府県内で当該業種の1/2以上を組合員とする団体）にあっては、競争阻害者という批判にさらされた。全体として事業の共同化のための組織の役割は低下し、「経営資源の相互補完の手段」であるとする「中小企業政策研究会報告」はこれを端的にあらわしている[13]。これに代わり、企業同士の相互補完的な連携、創造性多様性柔軟性重視という方向が示され、「異業種連携」などがむしろ政策の主要対象になってきた。

　中小企業の組合団体等も、高度成長と軌を一にして、生産性向上と「格差是正」を掲げた「中小企業近代化政策」の主要な受け皿となり、「高度化」事業を含めて、政策の主役の地位に嵌っていたことも間違いない。それにより、組合団体の数は著増し、事業協同組合数は一時5万近くにも達したのだが、「はしごを外される」とともに、減少と停滞傾向に陥ったのも否定できない。言い換えれば、今日にあって組合団体の役割はなになのか、見えにくくなってしまったのである。

　けれども、「社会性」観点を重視し、中小企業の普遍的存在の意義を前提とした2010年閣議決定の「中小企業憲章」は、中小企業の組合団体への再評価をも示した。そうしたもとで、三井（2012）では、中小企業の組合団体の一つの方向性は、組合構成員の共同の利益を徹底して守り、同時に協働する組織として新規の事業や発展の可能性を求めていくという、広義に公益的だが、また困難な課題を避けないことであるとする。今ひとつには、多数の企業と産業システムの存在、地域経済を担い、雇用と稼得の機会を形成している存在としての社会性・公益性を積極的に示しかつ支え、組合団体の社会経済的な存在と役割を発揮することである。もちろんこの2つの課題は相矛盾するものではな

く、基本的には補完しあう関係にある。

　たとえば、中小企業協同組合のみならず、農協、漁協などの協同組織には「地域団体商標」の登録運用を担う役割が 2006 年から与えられた[14]。地域の資源や伝統、技能、文化などの特性をブランドとして積極活用し、商品やサービスなどのかたちで広く提供し、その成果を地域に還元共有できる、まさしく公益性の発揮である。逆に、「偽」商品を地域ブランド商品の中に紛れ込ませるという不正行為を行った事業者の存在により、ブランドのイメージが急低下し、大幅な売上減少に直面するという不祥事は、公共の利益保護の厳しさを教えるものであった。

　地域ブランドのみならず、中小企業の組合団体の果たしうる公共的な使命は多々ある。環境問題資源問題等に対する基準設定や関係方面との調整、「自主規制」推進もあれば、地域社会への貢献も、被災地復興の共同事業もある。地域住民のための公益事業を、個別企業ではなく多くの主体の参加する協同組織が担う道もある。またグローバル化のもとでの中小企業の国際的連携や事業機会確保などに関し、「代表する組織」の存在は必要不可欠でもあり、実際に事業協同組合などが政府機関の支援も得て、海外市場開拓や連携確立に向け積極的に動いている例も少なくない。

　こうした意味では、中小企業の組合団体の設立の原点でもあり、今日的な課題でもあるのが、公益性の発揮だとも言えよう[15]。それを構成する中小企業一般にとっても、正面からこの観点に取り組まねばならないのである。

4. 中小企業の後継者たちの思いとこころざし

　そうしたなかで、公益性の理念が重く効いてくるのが、実は中小企業の後継者であるということが多くの事例から確認できる。もちろんそれは、実際に担っている事業自体がきわめて公益性が高い、社会的性格を強く帯びているということでは必ずしもない。企業家としてのフィロソフィーとマインド構築の問題そのものである。

　創業者としての企業家には、幅の広さこそあれ先に見たように、「自己実

現」や個性・「能力発揮」、また「別の働き方」などでの強い期待とこだわりがあり、だからこそ困難をおして起業するとも言える。それは時には、「天命」「天職」の人生観職業観にもつながるマインドないしはフィロソフィーである（三井 2015）。そしてそれを縦糸で貫くものとして、「自立」「独立」への思いがある。だから、あえて困難に挑戦し、「なにもないところに事業のかたちを築いていく」意思の持続がある。

　ところが「後継者」の場合、そこに悩ましさと矛盾がある。創業者に比べ、一定に確立し、経営基盤を確保した事業を引き継ぐというアドバンテージはあるし、まず「仕事して稼ぐ」ことより企業経営自体に専念して、自分の考えるところを実践する機会を得たと言えるかも知れない。その反面、真に自分のやりたいこと、めざすべき人生や働き方を選ぶ以前に、「家業だから」、「親のやってきたことは継ぐもの」と半ば強制されるような状況も多々あった。中小企業庁（2013）が示すように、今日では実態面でも「子の承継」は減ってきており、社内外の非親族や第三者への継承、時には事業全体の売却という選択も増勢にある。裏を返せば、「継ぎたくない」子に無理をさせることはないという考え方である。それでもなお、近年の事業承継の半数は子の継承であり、悩ましい現実は否定できない。

　小規模・家族経営的であれば、後継者はある意味3重の圧力にさらされる。まず「仕事」を身につけ、「一人前に稼ぐ」力を備えねばならず、建築業や伝統工芸業に典型的なように、通常親が師匠・親方格になって鍛えられる。その一方で、事業をにない、家族や関係者の暮らしを支え、発展させるだけの経営能力を発揮していかねばならない。そして、あらゆる意味で親は親であり、四六時中「親子関係」から離れることはできない。これはたまったものではなく、「自立」「独立」の精神とは真っ向から反するような状況におかれてしまう。小規模・自営業の減少衰退の傾向には、そうした状況も影響していると見るべきではないか[16]。

　ある程度の事業・従業員規模のもとでの事業承継である場合、「経営に専念する」立場にも立てる。しかしなお、そこには揺るぎない信念があるとも言い難い実態が多々ある。そうした現実を踏まえ、中小企業の事業承継支援に注力されてきた清水至亮氏（しずおか事業引継支援センター）は、「経営の承継」

「財産の承継」「意思の承継」の3つを重要としている（『日本経済新聞』2015年9月29日号）。創業者以来の「こころざし」「思い」というものを自分のものとし、継承発展するということの重要さである。

中小企業庁（2008）では、小規模事業者の事業目的性に関する調査（2項目選択）を行っている。そこでは「経営者や従業員の働く場の提供」の回答が52.2％であり、次ぐのが「社会への貢献」（35.1％）、「事業の承継」（23.5％）、「利益の最大化」（20.5％）、「伝統技能の維持」（8.5％）の順であって、驚くほど理念性社会性を重視する傾向にあるのである。

事業継承の後継者事例を見てみよう。O印刷（従業員数40名）[17]は創業以来、薬品ラベル・説明書関係の印刷を中心に130年の伝統を有している。6代目の現社長は必ずしも後継の意思なかったが、父の急逝や兄の辞退もあって、社長になることを決意、大卒後の他社武者修行を経て入社した。しかしバブル崩壊と売上減少の危機的な状況下に、社内の停滞と混乱を打開せねばならず、孤軍奮闘ながらトップの責任で問題解決と経営革新に取り組んだ。他方で社会企業家との交友からユニバーサルデザインへの取り組みをはじめ、エコ素材利用・包装・発送を含めて「ソーシャルプリンティング」企業へと飛躍を遂げてきている。代表的にはエコカレンダーを製品化し、顧客からの好評を得た。他方でソーシャルメディアを活用し、情報発信とともに社会の声に耳を傾けている。この現社長の思いと実践には、創業以来の社会と健康への奉仕の「経営哲学」への振り返りとともに、「働くこと」、また（価格たたき合い競争ではなく）「社会に役立つ仕事」に対する自身の信念が結びついている。企業の「存在価値」としての「使命」への社長の確固とした信念に、社内外の理解と共感、信頼が広がっているのである。

京都で伝統工芸にかかる技能事業を営むI商店の後継者は仕事を21歳で継いだが、承継時に多額の負債のあることが判明するという危機を迎えた。以来必死で働き、また諸方面の理解を得て、なんとか店を守ってきた。その中で、事業継承とは何なのか自分なりの理解を深め、一方では財務や取引、仕事のあり方を含めた意思決定を誰が行うかであり、また他方では「理念」を継ぐこと

がなにより重要と実感している。親の時代と自分たちでは状況は違うものの、仕事は社会の求めるものであるという理念が、家族の絆の大切さとともに見えてきているという。

おわりに

　言うまでもなく、主観的な理念や人生観・思いだけですべてが決まるわけではなく、事業自体を通じた公益性との関わりは重要である。しかし、今日のように、開業率が低迷し、廃業率があがり、中小企業存在の全般的な衰退のもとでは、「企業を守り、継承発展させる」ことの重み、そしてその支えとなる「思い」と「使命感」こそは見落とせない。特に「あえて」継承の道を選んだ後継者らにとっては、自覚と主体的意思、人生判断が今日欠かせないのであり、そこに事業自体とおのれの生き方の公益性・社会性の確認がつよくかかわるのである。他方で、家族経営的な小企業においては、なによりまず、家族らの稼得機会と生活を守るという使命感も欠かせないものの、それ自体個人の利益などとは同じでないうえ、必ずや「仕事」の社会的存在意義・価値への認識の広がりを伴うものであり、それは仕事自体を通じた諸方面との関係構築と「信頼」確保を通じて自覚されてくるものである。

　こうした後継者らの自己認識と、事業・仕事の意義理解、実践には、経営能力の学習習得とともに、中小企業組合団体や地域の経済団体等をはじめとする、そとの組織での活動や交友、仲間の獲得もつよく作用していることが多い。そこでの経験と励まし合いが、とかく孤独になりがちな後継者の大事な場・機会にもなっている。いわばおのれの「生き方」と「働き」自体の公益性・社会性へのフィロソフィーの形成と実践のステップなのである。

（三井逸友）

注
1） 電力、鉄道などいわゆる「公益事業」を民間企業が担うというかたちは広く存在し、また近年はさまざまな公的業務の「民営化」も図られている。しかし多くは地域等を単位として、相当の規模・対象を要するものなので、必ずしも中小企業になじむものではないとも考えられる。
2） 「市場経済」に対置されるものと意識されたソ連東欧などの「社会主義（統制）経済」が行き詰

まり、崩壊したのに対し、「市場経済への転換」の騎手とされたのが「企業家」たちであった。
3) いま世界的には、「中小企業」（SME）一般の規定とともに、その中でも「マイクロ企業」を区別する傾向にあり、日本でも2014年制定の「小規模企業振興基本法」によって、「小規模企業」（従業員数20人以下）、および「小企業」（5人以下）という規定が用いられるようになった。これら小企業ないしマイクロ企業は概して家族経営で、自営業の性格が濃い。三井 (2014)、参照。
4) それはある意味では、「フレキシブル専門化論」から展開した、「市場の社会的構築論」（SCM）、あるいは「ソーシャルキャピタル」の主張とも共有するものがある。三井 (1996)
5) もとより、新たに起こされる事業自体の性格も、またこれを支援しようとする政策等のめざすものも、世界中で一様ではない。筆者はこれを、4つの軸、4つの方向性に区分を試みた。「人間軸」「社会軸」「経済構造軸」「イノベーション軸」に対し、「独立機会保障」「雇用機会確保」「地域振興」「研究開発促進」の各方向性がかかわっている。三井・川名 (1997)
6) 筆者が2010、11年度に参加した、内閣府の助成事業「社会的企業育成支援事業」による「公共未来塾横浜事務局」の活動には、多くの社会的起業家志望者が集まり、活況を呈した。
7) 日本政策金融公庫 (2015) によると、新規開業者のあいだでの「社会に役立ちたい」意識は年々増加している。
8) 「公共未来塾」第1期から巣立ち、「児童養護施設の入所者・退所者の就労支援」という社会的課題に取り組むNPO/株式会社を起こしたN氏は、学生時代から商才を発揮し、卒業後は職業紹介や情報事業で著名なR社に就職、そこでも業績優秀であったが、「おカネもうけはもういいや」と思いを変え、困難を抱える若い世代のための事業に取り組むに至った。それも単なる「支援」ではなく、児童養護施設出身者の有利性を積極的に採用企業に生かして貰おうという、ビジネスセンスあっての事業化である。
9) 内閣府調べ「特定非営利活動法人の認証数等」による。ただし、NPO法人には「非営利」という文字に対する過剰な期待感先入観があり、問題を起こす原因にもなっていることを否定できない。むしろ事業体としての安定性柔軟性を持ち、西欧流の「ワーカーズコレクティブ」にも近い「企業組合」や、認可監督を受ける「社会福祉法人」等の公益法人、ひいては「株式会社」形態であることも、「社会的企業性」を何ら否定するものではない。企業組合制度の成立に関しては、樋口 (2014)。
10) 日本政策金融公庫の、2014年度での「ソーシャルビジネス向け融資」は6,045件、計517億円である。これはNPO法人、介護・福祉事業者が対象で、さらに社会的課題の解決を目的とする事業者が同年度より加えられた。同公庫の創業支援関係融資がのべ2万6千件余なので、その23%ほどに該当する。『日本政策金融公庫 ディスクロージャー誌2015』、2015による。
11) 社会的企業のガバナンスに関しては、非営利資源とともに受益者を含めた協同的参加と運営形態が必要であるとする欧州流の論理と、社会的ミッションと事業性を重視する理解とのあいだでの論争がある。
12) 全国中小企業団体中央会編『中小企業組合ガイドブック 2015-2016』、2015年。
13) 中小企業庁編『中小企業政策の新たな展開』同友館、1999年。
14) 地域団体商標の登録数は2016年2月現在で592件である。2014年からは組合団体のほか、商工会、NPO法人などにも登録資格が拡大され、また2015年の中小企業地域産業資源活用促進法改正で、新たに地方自治体を主体とする「ふるさと名物」の知財化も可能になった。
15) もちろんその他にある、商工会議所、商工会などにも公益性が濃く、そのことは各設置法にも明示されている。
16) 非農林業の自営業主数は、1987-2012年の間に約30%減っている。
17) この事例は、日本政策金融公庫 (2014) および同社社長の嘉悦大学大学院「ライブケース」授業での講演 (2015) に依る。

参考文献

小松隆二『公益の時代』論創社、2002年。
全国中小企業団体中央会編『中小企業組合ガイドブック 2015-2016』、2015年。
ソーシャルビジネス研究会『ソーシャルビジネス研究会報告書』経済産業省、2008年。
谷本寛治編『SRI 社会的責任投資入門』日本経済新聞社、2003年。
中小企業庁『中小企業白書 2008年版』ぎょうせい、2008年。
中小企業庁『中小企業白書 2013年版』ぎょうせい、2013年。
日本政策金融公庫総合研究所編『新世代のイノベーション』2014年。
日本政策金融公庫総合研究所編『2015年版 新規開業白書』佐伯印刷、2015年。
日本政策金融公庫総合研究所編『日本のソーシャルビジネス』2015年。
樋口兼次「「市民協同」のスモールビジネスの可能性」黒瀬・上原編『中小企業が市場社会を変える』同友館、第4章、2014年。
三方良『なりわい繁盛帖』新日本出版社、2009年。
三井逸夫「中小企業研究の『貿易収支』とグローバリゼーション考」『駒沢大学経済学論集』第27巻4号、1996年。
三井「事業承継をどのように進めるかの観点と次世代の課題」『中小商工業研究』第98号、2009年。
三井『中小企業政策と「中小企業憲章」』花伝社、2011年。
三井「中小企業の組合団体をどのように理解するか」三井編『21世紀中小企業の発展過程』同友館、2012年、所収。
三井「今日の経済社会と家族経営・自営業の意義」黒瀬直宏・上原聡編『中小企業が市場社会を変える』同友館、2014年、所収。
三井「企業家・後継者の能力形成と事業承継」『商工金融』第65巻8号、2015年。
三井「中小企業の事業承継と後継者考」『しんくみ』第63巻2号、2016年。
三井・堀潔「中小企業の社会的責任と社会的企業の課題」『商工金融』第58巻8号、2008年。
三井・川名和美「創業支援策の現状と展望」『国民金融公庫調査季報』第43号、1997年。
Bagnasco, A. & Sabel, C., *Small and Medium Enterprises*, Pinter, 1995.
Defourney, J. & Monzon Campos, J.L.（eds.）*Économie sociale*, De Boeck-Wesmeal, 1992.（富沢賢治ほか訳『社会的経済』日本経済評論社、1995年。）
Drucker, P.F., *Innovation and Entrepreneurship*, Harper & Row, 1985.（小林宏治監訳『イノベーションと企業家精神』ダイヤモンド社、1985年。）
Drucker, P.F., *Post-Capitalist Society*, Harper Business, 1993.（上田ほか訳『ポスト資本主義社会』ダイヤモンド社、1993年。）
Evers, A. & Laville, J-L.（eds.）*The Third Sector in Europe*, Edward Elgar, 2004.（内山・柳沢訳『欧州サードセクター』日本経済評論社、2007年。）
Kirzner, I., *Competition and Entrepreneurship*, University of Chicago, 1973.（田島義博監訳『競争と企業家精神』千倉書房、1985年。）
Moore, J.F., "Predators and prey: a new ecology of competition," *Harvard Business Review*, No.3, Vol.71, 1993.
Porter, M.E. & Kramer, M.R., "Creating shared value," *Harvard Business Review*, No.1, Vol.78, 2011.
Stanworth, J. Gray, C.（eds.）*Bolton 20 Years On*, PCP, 1991.（三井監訳『ボルトン委員会報告から20年』中小企業総合研究機構、2000年。）
Storey, D.J., *Understanding the Small Business Sector*, Thompson, 1994.（忽那ほか訳『アントレプレナーシップ入門』有斐閣、2004年。）

第Ⅱ部
問われる企業の責任と公益

第5章

企業の社会的責任（CSR）をめぐる国際的枠組み
―労働分野を中心として―

はじめに

　公益学は、企業の営利活動そのものを否定するわけでは決してない。しかし、利益確保の難しさ、あるいは利益追求の魅力ゆえに、企業が社会的存在としての責任を看過しがちになるとすれば、公益学としては、営利活動よりも、企業が持つ社会的責任の側面を強調せざるをえなくなる。もちろん、企業が社会的存在として遵守すべき責任を負うルールの中身は、一律、一様のものではありえず、また、きわめて歴史的に形成されてきた。時間の経過とともに、企業の自主的な取組みが浸透し、場合によっては法制化に至ることもある。そのため、個々の企業にとっては、社会的責任が重くなる一方という受け止め方があったとしても不思議ではないが、そのこと自体、企業が社会的存在であるがゆえに要請されるともいえるのではないだろうか。

　本章では、「企業の社会的責任（以下、CSR）」をめぐる国際的な枠組みの推移をたどり、「公益からみた企業」の一端を提示したい。ただし、筆者の研究テーマである労働分野（特に労働条件や労使関係）を中心に、公益としての労働基準との関わりを軸とする。CSRの対象はきわめて広範囲に及ぶものの、ともすれば環境分野への傾斜が大きいだけに（環境CSR）、労働分野に焦点を当ててみることも（労働CSR）、それなりの意義が認められよう。また、個別企業におけるCSRへの取組みこそが肝要とはいえ、1990年代以降、とりわけ2000年代に入ってからのブームとも呼ぶべきCSRへの関心のありようは、国際的枠組みの形成とその推移を辿ることによって、より分かりやすくなるかもしれない。

1. CSR の展開

(1) 出発点としての 1970 年代

　CSR として今日につながる国際的枠組みの出発点は、発展途上国に対して絶大な力を揮う多国籍企業の活動への懸念が高まる 1970 年代に求められる。経済協力開発機構（OECD）「多国籍企業行動指針」（1979 年、以下、OECD 指針）と国際労働機関（ILO）「多国籍企業及び社会政策に関する原則の三者宣言」（1977 年、以下、ILO 宣言）がその 2 本柱であった。いずれも法的な拘束力を欠くが、宣言にとどまる後者に比して、前者は不十分ながら一応の実施規定を持ち、また、賛同する非加盟国も署名するという広がりを有する。

　OECD は、設立時（1961 年）から「持続可能な最高の経済成長と雇用および生活水準の向上」をうたい、すでに 68 年には多国籍企業問題を公式に取り上げていた（福田 1976）。国際投資環境の整備を目的とする OECD 指針は改訂を重ねて、90 年代以降のグローバル化の下で多国籍企業のサプライ・チェーンに組み込まれる途上国や新興国の諸問題に対応する CSR の規範として位置づけられてきた。興味深いのは、この指針では、策定当初から「雇用と労使関係」の章が立てられていた事実である。ただし、具体的な労働諸条件よりも、それらを決定するための労使関係を重視したのは、西ヨーロッパを中心とする加盟国の社会慣行を反映したというべきだろう。しかも、策定後 80 年代までは小幅な改訂にとどまりながらも（79、82、84 年）、「雇用と労使関係」に関しては議論が継続されており、拡充もなされた[1]。

　CSR 展開の背景としては、70 年代以降における環境問題への関心の高まりがしばしば指摘されるが、OECD 指針に「環境」の章が出現するのは 91 年改訂まで待たなければならない。さらに 2000 年改訂は、ふたつの章の追加（「収賄撲滅」および「消費者の利益」）と「環境」の全面的な書き直しであった。少なくとも OECD 指針では、労働 CSR が環境 CSR に先行したといえそうである。さらに、国際連合（以下、国連）は、地球環境問題への注意喚起に大きな役割を果たしたが、多国籍企業への働きかけに関しては、取りまとめが難航したため、グローバル・コンパクト（国連 GC）の提唱（1999 年）までずれ込ん

だ[2]。ちなみに、翌2000年に発足した国連GCは9原則であったが、04年に第10原則が追加された（以下、国連GC原則）。

ILOは、77年宣言の改訂（2000、06年）に加えて、1998年には「仕事における基本的原則及び権利に関するILO宣言」（以下、ILO新宣言）を発した。この新宣言は、世界貿易機関（WTO）設立時（1995年）の貿易と公正労働基準をめぐる紛糾を踏まえ、中核的労働基準として8条約の批准を加盟国に対して求めるとともに、未批准の場合でも遵守の責任を要請するものであった。中核的労働基準は、① 労働組合の団結権・交渉権（87号・98号条約）、② 強制労働の禁止（29号・105号条約）、③ 児童労働の廃止（138号・182号条約）、④ 雇用や職業における差別禁止（100号・111号条約）、以上の4分野に絞られている（ILO 2003＝2004）。ILOとしての新たな一歩といえなくもないが、それは条約批准国における適用を監視する国際機構として歴史的には先頭を走ってきたILOの限界をも意味した[3]。「公正なグローバル化のための社会正義に関する宣言」（08年）や「危機からの回復：グローバル・ジョブズ・パクト（仕事に関する世界協定）」（09年）なども、グローバル化に伴う労働問題に取り組むILOの姿勢を示そうとする文書ではある。

（2） 2000年代以降のブーム

2000年代に入って、CSRをめぐる国際的枠組みの形成は加速する。しばしば03年をCSR元年と称するのは、日本国内の動向よりも、エビアン・サミットにおいて初めてCSRが取り上げられたからであろう。G8宣言は、OECD指針、ILO新宣言、国連GC原則に言及しつつ、企業による自主努力への支持を表明した[4]。そして、CSR推進の中心となったのは欧州連合（以下、EU）である。CSRを先導した1960-70年代のアメリカでは、寄付も含めたフィランソロピー（活動）と地域社会への利益還元が主であったという。これに対して、欧州におけるCSRは、グローバル化への懸念とともに、深刻な雇用問題への配慮に根ざすことが注目される（Vogel 2005＝2007、藤井 2005）。

EUは、とりわけリスボン戦略の採択（2000年）を起点に、CSR関連の動きが活発となる。OECD指針、ILO新宣言、国連GC原則の内容を統合するのはもとより、さらにリスボン戦略の改訂（05年）を経た「欧州CSR戦略2011-

2014」では、国連「ビジネスと人権に関する指導原則」（11年、後述）をもいち早く取り込んだ。EUによるCSRの定義は、当初（01年）「企業が社会および環境についての問題意識を、自主的に自社の経営およびステークホルダーとの関係構築に組み入れること」であったが、10年後には「企業の社会への影響に関する責任」と再定義され、法令順守を超えた任意のものであることが強調される[5]。欧州共同体（EC）時代から、労働基準として加盟国に対して拘束力を持つ指令も少なからず定めてきたが、2010年代には労働CSRとして、さらなる上積みが試みられているのである。もちろん、加盟各国の対応にはバラツキがみられるものの、概して政府が先頭に立ったCSR推進が欧州の特徴だという[6]。

先にふれた国連GC原則は拘束力のない自主的イニシアティブに過ぎないが、それゆえであろうか、企業を含む署名団体数はきわめて多く、2015年7月現在、約160カ国、1万3,000団体（うち、企業は約8,300社）が参加している。日本からは約200社を数え（その最初は、01年、キッコーマン）、グローバル・コンパクト・ネットワーク・ジャパン（GCNJ）も設立されている（03年）[7]。人権の保護（原則1および2）に始まる国連GC原則には、労働組合の団結権や交渉権（原則3）、強制労働の撤廃（原則4）、児童労働の廃止（原則5）、雇用や職業における差別撤廃（原則6）と、労働に関する項目が並ぶ。原則7から原則9は環境関係、後に追加された第10原則は腐敗防止である。国連の専門機関であるILOのフィラデルフィア宣言（1944年）および新宣言を踏まえるのは当然だろうが[8]、中核的労働基準8条約の4分野に合致する項目が主要部分を占めていることに留意すべきだろう。

加えて、国連・人権理事会が全会一致で推奨する「ビジネスと人権に関する指導原則」（2011年、以下、国連指導原則）は、やはり国際法上の義務を課さないものの、かなり重要と目されている。1970年代からの国連の試みがようやく結実したというばかりではない。すでに本章で取り上げてきたCSRに関する国際的枠組みはもとより、次節でふれる民間認証団体による諸規定も幅広く取り入れながら、①「国家の保護する義務」、②法的義務ではないものの「企業の尊重する責任」、③「被害者の救済」を基本とする、包括的な共通認識の土台を提供しているからである（Ruggie 2014＝2014）。この国連指導原則にい

ち早く反応したのは欧州CSR戦略にとどまらない。OECD指針の2011年改訂でも「人権」の章が新設された。こうした国際機関相互の連携が目立つのも、2000年代以降のCSRをめぐる動向の大きな特徴である。

2. 民間における取組み

前節では、加盟国政府代表から成る国際機関（ただし、ILOは各国の政労使代表による）およびEUによるCSRに関する取組みを概観したが、とりわけ2000年前後からは、民間認証機構をはじめとする様々な民間団体がCSR問題への関与を強めている。ここでは、主要な機構としてISOとGRI、労働基準との関わりが深いものとしてSAIとFLAを簡単に紹介し、さらに、多国籍企業と国際産業別労働組合との間に締結される国際枠組み協定（IFA）にふれたい。

ISO（International Organization for Standardization）は、工業製品規格を専門とするだけに創設は1947年と古い。本部がスイス・ジュネーブにあるのも、その前身が1926年に遡るからであろう。ISO9000（1986年、品質管理）やISO14000（1996年、環境対策）が知られるが、近年、CSR絡みで頻繁に参照されるのが、2010年発行のISO26000（組織の社会的責任）である。工業製品のように数量化できない社会的責任に関する問題をISOが扱うことに批判や疑念も強いが、認証規格としないこと、また、策定に時間をかけて慎重に進め、その過程にステーク・ホルダーが参加したこと、さらに、国連をはじめOECDやILOも協力したことによって、企業にとどまらない、あらゆる組織を対象とするISO26000が受け入れられるようになった。すなわち、発行から2015年秋までに、75カ国で国家規格として採用され、日本の国内規格としては、日本工業規格（JIS）を定める工業標準化法に基づいて、JISZ26000（2012年）がすでに発行済みである。それでも、実施規定の不備は否定できず、中小組織・企業による利用促進も課題となっている。また、ISO26000の関連規格としてISO20400（社会的責任ある調達）も策定中である[9]。

ちなみに、2013年から、ISOはILOと覚書を交わしたうえで、ISO45001（労働安全衛生マネジメントシステム規格）の策定に向けて動き出したが、国

際労働基準との整合性などをめぐってILO側からの批判が強くなり、調整が行われている。そのため、ILOはISO20400の策定には関わっていないという[10]。

企業のCSR活動報告に関する情報開示の指針を提起するGRI（Global Reporting Initiative）は、1997年、国連環境計画（UNEP）の支援を受けて設立されたが、その後、独立し（2002年）、オランダ・アムステルダムに本部を構える（稲上 2007）。最初に策定された指針（2000年）から改訂を重ね、13年に第4版を数える。日本企業の参加も多く、NPO法人としてGRI日本フォーラム（2002年、07年にサスティナビリティ日本フォーラムと改称）がある[11]。

SAI（Social Accountability International）の発足も1997年だが、アメリカの消費者運動に起源を持ち、ニューヨークに本部を置く。SA8000（1997年策定、01、04、08、14年改訂）は下請け製造業の労働環境に関する国際規格である（Vogel 2005＝2007）[12]。また、FLA（Fair Labor Association）も、クリントン政権による提唱（1996年）から発展しており、アメリカを本拠地とする。企業寄りとの批判を受けて、外部独立監査システムの整備を図っている（Vogel 2005＝2007、稲上 2007）[13]。

こうしたSAIやFLAなど労働条件に関する民間認証機構によるCSRの推進に対しては、懸念も表明されている。それぞれの規定はILO条約を引用するものの、「その解釈や運用が恣意的になされるおそれがある」というのがその理由である（ILO 2003＝2004、JILPT 2005、吾郷 2007）。ILO自体も、CSRに対しては及び腰であったが、77年宣言の30周年に当たる2007年から、「CSRの重点イニシアティブ」を展開しており、2000年代には姿勢の変化が認められる。ISO26000策定への協力もこれを裏づけようが、先述の通り、ILOとISOとの関係は必ずしも良好とばかりはいえない。ILOの定義によれば、CSR（活動）は法令遵守を超えていなければならない[14]。

多国籍企業と国際産業別労働組合との間で自主的なCSR協定を締結する国際枠組み協定（International Framework Agreements, IFA）の最初の事例は1988年に遡るが、2000年代以降の締結が圧倒的多数を占めており、2014年現在、西ヨーロッパ諸国に本拠地を置く多国籍企業を中心に100件を超える[15]。個別企業による行動指針と大きく異なるのは、企業による一方的な策定ではな

く、労使の協議を経て成立するところにあり、それだけに実効性もより期待されうる。労働組合の参画によって、個別企業の行動指針において見落とされがちな ILO 中核的労働基準をはじめとする労働 CSR 関連事項を含む点が最も評価されることはいうまでもない（Papadakis 2011）。

これまでのところ、日本企業による IFA 締結が 3 件（高島屋 08 年、ミズノ 11 年、イオン 14 年）にとどまるのは、企業別組合を基本単位とする日本の労使関係のあり方にあるといわざるをえない。とはいえ、企業別組合であればこそ、個別企業による CSR 活動の監視という役割も担えるのかもしれないが、CSR の国際的な枠組みを参照する限り、これまで「日本的雇用慣行」を支える中心的な労働力とはみなされてこなかった従業員への目配りを欠くならば、労働組合としての労働 CSR への貢献は覚束なくなろう[16]。もっとも、非正規雇用の労働条件をはじめ、正規雇用における女性の処遇、障がい者の雇用実態にとどまらず、ようやく日本においても「LGBT」としてマスコミが取り上げるようになった性的指向や性自認についての理解は、企業と労働組合いずれにとっても、対応が求められる課題となっている[17]。

3. 日本における CSR

CSR を広義に捉えて、我が国における進捗状況を振り返るならば、1970 年代の公害問題の顕在化、80 年代後半に盛り上がりを見せた企業メセナ活動などが挙げられる。しかし、今日の CSR への関心に直接つながるのは、90 年代のバブル経済崩壊後、企業不祥事の続発からコーポレート・ガバナンスが問われた事態といってよい。日本経済団体連合会（経団連）による企業行動憲章の策定や改訂（91、96、02、04、10 年）およびアンケート調査の実施、経済同友会「日本企業の CSR」報告の公表（03、06、10、14 年）などは、日本の CSR に関する指標ともなっている[18]。谷本によれば、90 年代において、日本企業が海外展開を拡大するとともに、海外投資家の存在を意識せざるをえなくなり、企業とステーク・ホルダーとの関係も変化したことが、その背景にあるという。そして、個々の企業における CSR の制度化（報告書の作成、担当部署や役員の設置、方針の明確化）は、2000 年代後半であった（谷本 2014）。

2000年代半ばには、労働CSRに関する文献が相次いで刊行された（吾郷2007、稲上2007、JILPT 2005、『季刊労働法』208号、2005）。日本のCSRにおいて労働分野への関心が低いとのコメントが多々見出せるのは、CSRをめぐる国際的な枠組みに照らしてのことであろう。EUやILOがCSRとして法令遵守以上を求めているにもかかわらず、日本において労働CSRといえるものがあるとすれば、せいぜい法令遵守の水準にとどまる内容や活動の比重がきわめて高いからである。また、労働法制と労働CSRとの関係についても論じられ、両者の相乗効果を期待する楽観的な見解と、むしろ両者を区別すべきとする見解とが錯綜した（稲上2007、『季刊労働法』208号）[19]。しかし、リーマン・ショック（08年）や東日本大震災（11年）の勃発のためか、そうした問題意識そのものが持続しないまま、昨今はISO26000の潮流に呑み込まれつつあるように見受けられる。

他方で、CSRに関する行政の対応として最も早かったのは、環境省による環境報告指針（2001年）や環境会計指針（02年）などの環境分野であった（稲上2007）。厚生労働省（以下、厚労省）は「労働におけるCSRのあり方に関する研究会」を設置し（04年）、中間報告の後、「労働に関するCSR推進研究会」に切り替えたが（05年）、その報告書（08年）は、「自主点検チェック項目」が挙げられるにとどまった。先の中間報告では、「海外進出先における従業員に対する責任ある行動」や「人権への配慮」も論じられているとはいえ、なぜか「能力発揮」が強調され、CSRと社会的責任投資（SRI）を同義に扱うかのような記述が目立つ。せっかくの「自主点検チェック項目」も、重要な問題が大雑把な扱いに終始し、企業の参考として役立ちそうもない[20]。

これに対して、経済産業省（以下、経産省）では、当然とはいえ、SRIへの関心を焦点とする「企業の社会的責任に関する懇談会」（04年）を出発点に、その10年後の「国際的な企業活動におけるCSRの課題とそのマネジメントに関する調査報告」（14年）では、もっぱら企業のリスク対応と競争力の視点が突出する。のみならず、04年の懇談会報告を引き継ぐかのような「持続的成長への競争力とインセンティブ：企業と投資家の望ましい関係構築プロジェクト」最終報告（14年）も出されている。これと歩調を合わせて金融庁「『責任ある機関投資家』の諸原則《日本版スチュワードシップ・コード》：投資と対

話を通じて企業の持続的成長を促すために」(14年) がまとめられた[21]。しかも、こうした経産省の動きを、「内向き」とされる日本のCSRが変化する「画期」と評価する声すらも聞かれる (Idowu 2016, chap.13)。

　経産省によるSRI偏重のCSR行政に対して、厚労省による労働CSRへの対応にみるべきものがないのは、日本企業による労働CSRの軽視を反映するにすぎないのだろうか。それとも、労働分野における規制緩和政策が労働CSRを回避させるのだろうか。ちなみに、環太平洋パートナーシップ協定 (TPP協定) においては「労働章」(第19章) が設けられている。その冒頭にはILOの中核的労働基準が掲げられ、また、「労働問題に関する社会的責任」の奨励について言及されていることも、ほとんど知られてはいない[22]。

　さらに、内閣府は、国民生活審議会の意見に基づき、ISO26000の発行予定を睨みながら、「社会的責任に関する円卓会議」を設置した (09年)。アジェンダ21を引用しつつ、EUのリスボン戦略に基づく欧州マルチステークホルダー・フォーラム (02年設立) に倣ったとみられる。円卓会議による「安全・安心で持続可能な未来に向けた協働戦略」(11年) は、課題と行動計画を含むものの、「みんなでやりましょう」という以上の内容を読み取ることは難しく、ほとんど周知されないまま放置されたようである[23]。

おわりに

　CSRをめぐる国際的枠組みの推移を検討してみると、国単位の規制では縛りをかけられない多国籍企業の活動への対応として1970年代に始まり、グローバル化が進む90年代を経て2000年代には、新興国や発展途上国において展開するサプライ・チェーンにまで及ぶ多国籍企業の責任を問う性格を強めたといえる。その意味で、CSRに関する国際的枠組みが、国境を越えた多国籍企業活動を規制する試みから出発する事実を確認することは重要である。たとえ、CSRを先導したアメリカにおいては、むしろ国内向けが中心だったとしても、である (Vogel 2005＝2007)。しかしながら、グローバル化が進むほどに国内と国外を分けて捉えることは難しくなる。環境問題然り、労働問題としても、人件費の安い地域への工場移転が先進諸国の労働条件を押下げるおそれ

を生じるとともに、移民や外国人労働者の流入による国内労働市場の階層化が進みかねないのである[24]。しかも、日本企業のCSR活動は「内向き」と批判されるが（東京財団 2015）、むしろ、本章の検討からは、国内外を問わず労働CSRの低い位置づけを問題視すべきとする見解も成り立ちうる。日本が、ILO中核的労働基準のうち2条約を、依然として未批准であることにも留意しなければならない[25]。

　ある論者は、2010年代半ばにおける今日のCSRをめぐる状況を「もはやCSRが望ましいかどうかを論じる段階は過ぎて、今や全世界的に受け入れられた」（Idowu 2016）とする。エルマウ・サミット首脳宣言（2015年）は、先のエビアン・サミット以上にCSRについて踏み込み[26]、2016年のILO総会は、グローバル・サプライチェーンを議題とする。それだけに、CSRをめぐる国際的枠組みにおいて、労働分野の課題がいかに重きを成しているかという認識が、CSR活動の基本として根付くことがまず望まれよう。のみならず、とりわけ日本の場合は、労働CSRと規制緩和政策の下に置かれたままの労働法制との関係を改めて問わなければならない。ボーゲルが主張するように、政府による規制とCSRのような「市民規制」は連動せざるをえないとすれば（Vogel 2005＝2007）、両者が公益に対して、必ずプラスの相乗効果をもたらすという保証はない。また、CSRが法令を補完することはありえても、CSRを法令の代替とすべきではないだろう。それは労働基準の公益性を確立する長い道程に埋め込まれた教訓を放棄することに他ならないからである。

（大森真紀）

注
1）　OECD http://mneguidelines.oecd.org/text/（2015年8月5日閲覧）。
2）　国連は1970年代に多国籍企業委員会を設置して、行動規範の策定などを試みたが、実現しなかった（福田 1976）。
3）　林雅彦「ILOにおける国際労働基準の形成と適用監視」『日本労働研究雑誌』640号、2013年。182号条約は1999年採択のため、ILO新宣言（98年）には間に合わず、後から追加されたが、一般的には、ILO新宣言による8条約として扱われている。
4）　外務省 http://www.mofa.go.jp/mofaj/gaiko/summit/evian-paris03/index.html （2015年9月19日閲覧）。
5）　駐日EU代表部「企業の競争力を強化するEUのCSR戦略」（駐日EU代表部『EUMAG』2013年9月号 http://eumag.jp/feature/b0913　2015年10月27日閲覧）。
6）　足達英一郎「労働に関するCSRの進展とその課題」『季刊労働法』234号、2011年。

7）　GCNJ　http://www.ungcjn.org/gc/index.html（2015 年 7 月 14 日閲覧）。
8）　有馬利男「国連グローバル・コンパクトと労働原則」（日本 ILO 協議会）『ワーク・アンド・ライフ』2013 年 2 号。なお、「人権」については世界人権宣言（1948 年）および、次に述べる国連・ビジネスと人権に関する指導原則の骨格であるラギーフレーム、「環境」はリオ宣言とアジェンダ 21（いずれも、1992 年、国連・環境開発会議による採択）、「腐敗防止」は国連・腐敗防止条約（2003 年）に、それぞれ基づく（有馬 2013）。
9）　熊谷謙一「ISO26000（組織の社会的責任）の動向と課題」『季刊労働法』234 号、2011 年、「ISO26000（組織の社会的責任）について（1）〜（4）」『ワーク・アンド・ライフ』2012 年 4〜6 号、13 年 1 号、「ISO26000 発行 5 周年・国際フォーラム等に参加して」前掲誌、2016 年 1 号、日本規格協会　http://iso26000.jas.or.jp/contents（2015 年 7 月 14 日閲覧）。
10）　前掲、熊谷 2016、「第 323 回 ILO 理事会報告座談会」『ワーク・アンド・ライフ』2015 年 3 号。策定中の ISO45001 は、生産現場のみならず、ホワイトカラーを含めた労働環境についての国際規格だという（『日本経済新聞』2015 年 5 月 25 日付け）。
11）　GRI　https://www.globalreporting.org　サステナビリティ日本フォーラム　http://www.sustainability-fg.org/（いずれも、2015 年 7 月 21 日閲覧）。
12）　SAI　http://sss.sa-intl.org（2016 年 2 月 13 日閲覧）。
13）　FLA　http://www.fairlabor.org（2015 年 6 月 23 日閲覧）。
14）　ILO, 'Helpdesk: The ILO and CSR', 2009, http://www.ilo.org/wcmsp5/groups/public/-ed_emp_ent/-multi/documents/publication/wcms-116336.pdf（2016 年 2 月 23 日閲覧）。
15）　連合（日本労働組合総連合会）http://www.jtuc-rengo.or.jp/kokusai/takokusekikigyou/teiketsujoukyou.html（2016 年 2 月 13 日閲覧）。なお、最近では、IFA を GFA（グローバル枠組み協定）とする論稿が散見される（例えば、『ワーク・アンド・ライフ』2016 年 1 月号）。
16）　後藤嘉代「CSR（企業の社会的責任）と労働組合」『日本労働研究雑誌』565 号、2007 年。
17）　柳沢正和・村木真紀・後藤純一『職場の LGBT 読本』実務教育出版、2015 年。
18）　経団連　http://www.keidanren.orjp/policy/cgcb/charter2010.html（2015 年 6 月 19 日閲覧）および、経済同友会　http://www.doyukai.or.jp/csr-summary.html（2015 年 6 月 9 日閲覧）。
19）　例えば、小畑史子「我が国における CSR と労働法」『季刊労働法』208 号、2005 年）は、雇用をめぐる実態と諸課題に対して、CSR のプラス効果を楽観しすぎる見解といえよう。
20）　厚労省　http://www.mhlw.go.jp/bunya/roudouseisaku/csr.html（2015 年 12 月 22 日閲覧）。
21）　経産省　http://www.meti.go.jp/press/2012/05/20140523004/2014523004.html　http://www.meti.go.jp/press/2014/08/20140806002/20140806002.html（いずれも 2015 年 12 月 22 日閲覧）。金融庁　http://www.fsa/go.jp/news/25/singi/2014/0227-2/04.pdf（2015 年 12 月 26 日閲覧）。なお、SRI の起源は CSR とは異なり、「SRI は今日の CSR 運動に呼応して形成されてきたものではない」とする見解もある（藤井 2005）。
22）　原田浩一「国際労働基準と環太平洋パートナーシップ協定」『ワーク・アンド・ライフ』2016 年 2 号。
23）　内閣府　http://www5.cao.go.jp/npc/susutainability/forum/about/index.html（2016 年 2 月 14 日閲覧）。
24）　すでに 1980 年代後半には、こうした指摘がなされている（Sassen, Saskia, *The Mobility of Labor and Capital*, 1988, 『労働と資本の国際移動』岩波書店、1992 年）。
25）　連合の説明によれば、105 号条約（強制労働の廃止）については、国家公務員法および地方公務員法における懲役刑の定めが条約に触れ、111 号条約（雇用や職業における差別撤廃）の場合は、条約による 7 つの根拠による差別を禁止する国内法がないことが、批准の障害だという（連合　http://www.jtuc-rengo.or.jp/kokusai/ilo/index.html　2016 年 2 月 13 日閲覧）。なお、「7 つの根拠」とは、「人種、皮膚の色、性、宗教、政治的見解、国民的出身又は社会的出身」である（ILO

2003＝2004)。
26) 外務省 http://www.mofa.go.jp/mofaj/ecm/ec/page4-001244.html（2016 年 2 月 14 日閲覧)。

参考文献
吾郷眞一『労働 CSR 入門』講談社、2007 年。
稲上毅・連合総合生活開発研究所（連合総研）編『労働 CSR』NTT 出版、2007 年。
谷本寛治『日本企業の CSR 経営』千倉書房、2014 年。
東京財団「CSR 白書 2014」（2014 年）、「CSR 白書 2015」（2015 年)。
福田博編『多国籍企業の行動指針』時事通信社、1976 年。
藤井敏彦『ヨーロッパの CSR と日本の CSR』日科技連出版社、2005 年。
労働政策研究・研修機構（JILPT)「グローバリゼーションと企業の社会的責任」2005 年。
『季刊労働法』208 号（2005 年）および同 234 号（2011 年）の特集。
『日本労働研究雑誌』640 号（2013 年）の特集。
Idowu, Samuel O. *eds.*, *Key Initiatives in Corporate Social Responsibility*, 2016.
ILO, *Fundamental Rights at Work and International Labour Standards*, 2003,『職場の基本的権利と国際労働基準』日本 ILO 協会、2004 年。
Papadakis, Konstantinos *eds.*, *Shaping Global Industrial Relations*, 2011.
Ruggie, John Gerard, *Just Business*, 2014,『正しいビジネス』岩波書店、2014 年。
Vogel, David, *The Market for Virtue*, 2005,『企業の社会的責任（CSR）の徹底研究』一灯社（発行)・オーム社（発売)、2007 年。

第 6 章

本業を通じたコーズ・リレーテッド・マーケティング

―CSV の修正による「企業と社会の関係」の再考―[1)]

はじめに

　東日本大震災から 5 年が経過した。復興状況に目をむけると、進捗はまちまちで、「くらし」「産業」「インフラ」等において、まだ援助が必要な状況にある[2)]。被災地である岩手、宮城、福島の首長へのアンケート調査によると、復旧・復興が完了する時期は 3 年前の見通しよりも遅れているという[3)]。東日本大震災の復興の難しさについて、元復興相の根本匠氏も「阪神大震災は都市直下型で、がれきの処理が終われば再建はどんどん進んだ。東日本大震災の復興は違う。津波で被災した地域をかさ上げし、山を削って高台に街を移転する。福島県では原子力災害もあった。」と指摘している[4)]。
　このように、依然として息の長い被災地支援が必要な状況にある中、それを支える側はどのような状況にあるのであろうか。復興庁は震災から 2015 年度までを「集中復興期間」としたのに対し、2016 年からの 5 年間を「復興・創生期間」とし、事業費総額は 4 分の 1 に絞り、国が全額自己負担していた復興事業費は復興との直接的な関係の薄い一部の事業について 2016 年度から自治体に求めていくという[5)]。その国や自治体を税金を通して間接的に支えると共に、寄付やボランティア派遣等で直接的に支えてきた企業に目を向けても、経団連会員企業の東日本大震災関連で被災地支援に支出した額（ボランティア派遣なども金額換算）は 2011 年度の 860 億円から 2014 年度には 90 億円にまで減っている[6)]。

そこで、この支える側の問題に焦点を当てていく。心臓移植の費用を低く抑えることにより、貧しい人々に健康に生活する機会を提供しているデビ・シェティ氏が「ビル・ゲイツ氏のようなお金持ちでも慈善事業は、資金が尽きれば終わる。ビジネスは拡張可能だ」[7]と指摘しているように、見返りを求めない一方的な支援では継続性の担保がないため、支援は企業の体力勝負になってしまう。そうならないためには、寄付等の本業以外の支援を行うにしても、本業を通した支援を行うにしても、ビジネスとして、そこから利益が得られる仕組みを作ることが重要になる。

本章では、本業を通した社会的課題の解決を謳うCSV（Creating Shared Value：共通価値の創造）概念を問題点を修正したうえで取り入れ、「企業と社会の関係」を再考する。その結果、寄付等の「本業以外の支援」をマーケティングと位置づけ、利益に結び付けるコーズ・リレーテッド・マーケティング（Cause Related Marketing： CRM、以下CRMと表記）概念を「本業を通した支援」に拡張し、「本業を通したCRM」とすることにより、CRMと併せて、本業と本業以外の社会対応活動を通した支援を継続可能な仕組みにするモデルを提示する。なお、CRMにおける「コーズ」は「良いことなので、援助をしたくなる対象」を意味する。

1. 企業と社会の関係

企業が継続的に支援を行っていく手段について考察するために、まず、企業と社会の関係を整理するところから始めたい。図表6-1は、企業の社会への対応活

図表6-1 企業の社会への対応（番号表示）

	強制	自主的
本業	①	③
本業以外	②	④

動について、「強制されて行っているものか」、それとも「自主的に行っているものか」という違いを「列」にとり、「本業で行っているものか」それとも「寄付等の本業以外で行っているものか」という違いを「行」にとり、4種類の社会対応に分類し、それぞれに①から④の番号を振ったものである。

①の部分は、「強制されて行われる本業を通した社会対応活動」を意味する。企業が法律を遵守することを謳う「企業コンプライアンス」に関わる活動がこ

こに位置する。

　②の部分は、「強制されて行われる本業以外を通した社会対応活動」を意味する。企業活動を通して得た利益の一部を税金として収める「納税」がここに位置する。

　④の部分は、「自主的に行われる本業以外を通した社会対応活動」を意味する。ここには、寄付やボランティア人材派遣等の「企業の社会貢献」に関わる活動が位置する。

　最後に残ったのが「自主的に行われる本業を通した社会対応活動」を意味する③の部分である。対応する用語としては、法律には触れないものの、社会に影響を及ぼす様々な事象について、本業を通して自主的に社会対応していくことを意味する「企業倫理」がある。しかし、本業を通した自主的な社会対応活動には、社会にとってマイナスの影響が生ずるのを防ぐ活動だけでなく、社会にとってプラスの影響を与える活動も含まれるため、マイナスの影響を防ぐ意味合いの濃い「企業倫理」のみをこの部分を表す用語として使用することに違和感を覚えつつ、他にこの部分を示す用語が存在しないため、やむを得ずこの部分を表す用語として「企業倫理」を使用してきた。

　そこに、この問題点を解消する可能性のある用語として、「CSV」概念が提示された。ポーター（Porter, Michael E）とクラマー（Kramer, Mark R.）は「共通価値の概念は、企業が事業を営む地域社会の経済条件や社会状況を改善しながら、みずからの競争力を高める方針とその実行と定義出来る（Porter and Kramer 2011）」としている。そして、CSVはこの共通価値を創造することを意味する。これは、図表6-1の③の部分において、「企業倫理」に欠けていた社会へのプラスのインパクトを強調した概念となっているため、図表6-1の③の部分を「企業倫理」と「CSV」が共存するかたちに捉え直した。

　図表6-1の①から④の番号になっている部分を、これまで述べてきたように、それぞれに対応する用語に置き換えると、「企業と社会の関係」は図表6-2のように捉えることができる。「CSR」は「企業コンプライアンス」「企業倫理」「企業の社会貢献」から構成されるため、図表6-2では、「CSR」と「CSV」が共存していることになる。しかし、ここでCSV理論の極論が問題になる。ポーターとクラマーは「CSV」を「CSRと共存する概念」ではなく、

「CSRに取って代わる概念」と位置づけていることから、図表6-2のように「CSV」と「CSR」が共存する構図は成立しえないことになる。ポーターとクラマーが、「CSV」と「CSR」を峻別し、そのようにとらえていることは、以下の文献やインタビュー記事から裏付けられる。

最初に共通価値概念について触れたPorter and Kramer（2006）では、従来の「CSR」にあたる活動を「受動的CSR」とし、「CSV」にあたる活動については「戦略的CSR」として区別していた。しかし、ここでは、まだ「CSV」という用語は提示されていない。「戦略的CSR」を「CSV」に置き換えることにより、「CSV」という用語が提示されたのが、Porter and Kramer（2011）である。以下のように、両論文ともに「CSVにあたる概念」を「CSRに相対する概念」と位置づけ、従来の「CSRにあたる活動」を否定的に、「CSVにあたる活動」を肯定的に捉えている。Porter and Kramer（2006）では、「NGO、行政、企業いずれも、CSRという考え方を止めて、『企業と社会の一体化』について考え始めるべきなのだ。」としている。また、Porter and Kramer（2011）では、「共通価値は、CSRでもなければ、フィランソロピーでも持続可能性でもない。経済的に成功するための新しい方法である。それは、企業活動の周辺ではなく、中心に位置づけられる。我々が思うに、事業の考え方を大きく変えるに違いない。」としている。

さらに、ポーターに対するインタビュー記事をみてみると、ポーター（2011）で「『競争優位のCSR戦略』（Porter and Kramer 2006）では、寄付やフィランソロピー（社会貢献）を通して自社のイメージを向上させるという従来のCSR活動は、事業との相関関係がほとんどなく、正しいアプローチではないと指摘しました。」とし、同じくインタビュー記事であるポーター（2013）では、企業経営者との対話をした結果、「その対話を通じて、CSVは寄付やCSRではなく資本主義に基づいていて、社会問題は巨大市場を生み出す可能性があり、それは企業が従来の顧客や市場を見直すことで獲得されるということに気付きました。」としている。

図表6-2 企業の社会への対応（用語表示）

	強制	自主的
本業	企業コンプライアンス	企業倫理
		CSV
本業以外	納税	企業の社会貢献

また、図表6-2の左下にある「納税を通した貢献」についても、Porter and Kramer（2011）では、「偏狭な資本主義観」として、CSV理論において否定的に捉えている。
　このように、ポーターとクラマーは「CSV」は「CSR」と共存しえないものと捉えているうえ、納税による社会対応にも否定的であるため、企業の社会対応において、「CSV」と「CSR（企業コンプライアンス、企業倫理、企業の社会貢献）」や「納税」が共存した構図になっている図表6-2は成立しえないことになる。
　しかし、CSVについては、極論に陥っている点があり、それを修正することにより、CSVとCSRと納税が共存する図表6-2の構図が成立することになる。以下では、その点について述べていく。

2. CSVの自前主義の修正の必要性

　ポーターとクラマーのCSV理論が極論に陥っている点として、極端な自前主義があげられる。社会的課題の解決は本業を通してのみ行われるべきとし、寄付等の社会貢献や納税を通しての「他力による貢献」を否定的に捉えている。しかし、企業が事業をすべて自社で行うのではなく、アウト・ソーシングして行う方が効率的であるのと同様に、解決することにより共通価値を創造することができる社会的課題についても、すべて自社で対応するのではなく、寄付を通して専門のNPO等のコーズに委ねたり、納税を通して、国家や自治体に委ねた方が効率的である場合がある。本節ではこの点について、ポーターとクラマーがあげている事例を用いて論証していく。
　共通価値を創造するためには、どのような社会問題に取り組むべきかについて、Porter and Kramer（2006）では、社会問題を企業との関係で、以下のように3分類したうえで、説明している。
1．社会的には重要でも、企業活動から大きな影響を受けることはなく、企業の長期的な競争力に影響を及ぼすこともない社会問題である「一般的な社会問題」
2．通常の企業活動によって少なからぬ影響を及ぼす社会問題である「バ

リューチェーンの社会的影響」

3．外部環境要因のうち、事業を展開する国での企業競争力に大きな影響を及ぼす社会問題である「競争環境の社会的側面」

　これら3つの社会問題のうち、企業は、関わりのある「バリューチェーンの社会的影響」と「競争環境の社会的側面」の2つの問題に絞るべきとしている。これら2つの問題については、解決することによって、社会的価値と共に、企業に経済的価値をもたらすが、「一般的な社会問題」に関しては、解決しても、企業に経済的な価値をもたらさないためである。

　Porter and Kramer（2006）は、社会問題の具体例として、「アフリカ大陸のエイズ禍」をあげている。そして、この問題が「一般的な社会問題」と位置づけられる企業として、ホーム・デポなどのアメリカの小売業者を、「バリューチェーンの社会的影響」と位置づけられる企業として、グラクソ・スミスクラインなどの製薬会社を、「競争環境の社会的側面」と位置づけられる企業として、アングロ・アメリカンなど採掘に現地労働力を使う鉱山会社をあげている。同じ社会問題であっても企業にとってどのように位置づけられるかによって、取り組むべきかどうかが決まることになる。この社会問題に関しては、「アメリカの小売業者」の場合は、「一般的な社会問題」と位置づけられているので、取り組む必要が無い社会問題となる。一方、製薬会社の場合は「バリューチェーンの社会的影響」に、鉱山会社の場合は「競争環境の社会的側面」に、それぞれ位置づけられているため、取り組むべき社会問題ということになる。

　社会問題にどのように取り組むかについて、Porter and Kramer（2011）は共通価値を創造する方法として、「1．製品と市場を見直す、2．バリューチェーンの生産性を再定義する、3．企業が拠点を置く地域を支援する産業クラスターをつくる。」という3つを提示している。

　そこで、「アフリカ大陸のエイズ禍」が取り組むべき問題と位置づけられている「製薬会社」と「鉱山会社」がこれら3つの方法のうち、いずれかを用いて解決可能かどうかをみていく。まず、製薬会社においては、「製品と市場を見直す」に該当する「エイズ治療薬の開発」によって貢献可能な問題といえる。一方、社会問題が「競争環境の社会的側面」に位置づけられる鉱山会社の場合

第6章　本業を通じたコーズ・リレーテッド・マーケティング　89

図表 6-3　CSVの限界と寄付、納税の必要性

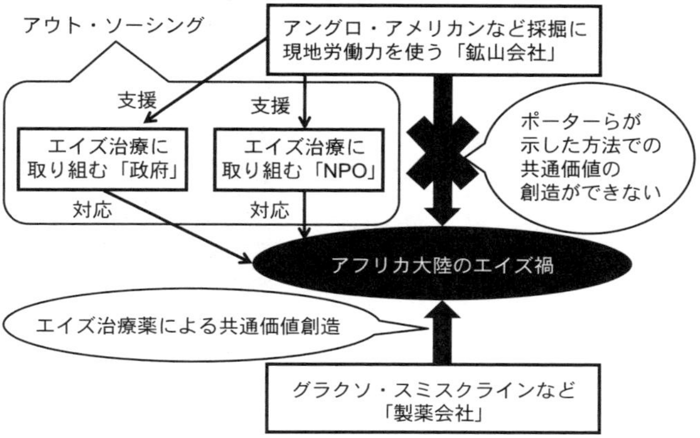

```
アウト・ソーシング        アングロ・アメリカンなど採掘に
                       現地労働力を使う「鉱山会社」
        支援      支援                    ポーターらが
                                        示した方法での
    エイズ治療に   エイズ治療に              共通価値の
    取り組む「政府」 取り組む「NPO」          創造ができない
        対応      対応
                    アフリカ大陸のエイズ禍

    エイズ治療薬による共通価値創造

                    グラクソ・スミスクラインなど
                    「製薬会社」
```

出典：Porter and Kramer（2006）をもとに筆者が作成。

は、取り組むべき問題であるのにも関わらず、Porter and Kramer（2011）があげている共通価値を創造する3つの方法のいずれを用いても、解決出来ない問題に位置づけられる。そのため、この問題を解決するためには、本業から乖離しているのにも関わらず、無理に自ら取り組むよりも、外部のNPOや政府等のエイズ問題の専門家に委ねる方が、効率的に解決できる問題であるといえる。換言すると、社会的価値と経済的価値の共通価値創造を自ら直接行うよりも、アウト・ソーシングする方が効率的な問題と位置づけられる。そのため、鉱山会社はポーターとクラマーが否定している「寄付等の社会貢献」や「納税」を通してNPOや政府を支援していくことになる。これらの関係を図示したものが、図表 6-3である。このことから、効率性を考慮すると、企業は自らが取り組むべき社会問題、つまりは、解決することにより経済的価値をともない、共通価値創造可能な社会問題を解決する際、ポーターとクラマーのように、「本業ではない」という理由で「寄付等の社会貢献」や「納税」を否定すべきものではないことが分かるであろう。

　通常の業務においては、効率性を鑑み、アウト・ソーシングを行うことがあるのにも関わらず、共通価値創造に関しては、アウト・ソーシングを否定するというのは不自然なことである。共通価値を生む社会問題ではあるが、本業と

図表 6-4 本業と乖離しているが、解決すると共通価値を生む社会問題に対する対応

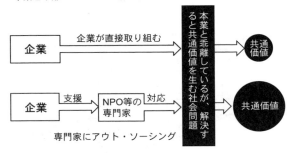

は乖離しているため、本業を通して貢献するより、アウト・ソーシングした方が効率的な場合を図示したものが、図表 6-4 である。図で示したように、このような社会問題の場合、ポーターとクラマーが主張しているように自前主義に固執し、企業自ら取り組むよりも、柔軟にアウト・ソーシングを実施し、「寄付等の社会貢献」や「納税」を通して専門家である NPO や政府等を支援する方が共通価値が高まることになる。ポーターとクラマーが取り組むべきとしている問題のうち、「バリューチェーンの社会的影響」は本業を通した解決が可能であろうが、「競争環境の社会的側面」については、この事例のようにアウト・ソーシングした方が効率的な場合がある。

3. CSV の修正による「本業を通した CRM」の必要性

前節では、CSV の自前主義の問題点について指摘したが、今節では、CSV の直接的利益偏重の問題点について論じていく。ポーターとクラマーは直接的な利益を生まないという理由で、「企業コンプライアンス」、「企業倫理」、「企業の社会貢献」といった CSR 活動（図表 6-2 の納税以外のそれぞれの構成要素）を通した共通価値創造を否定している。しかし、コーズ支援活動をコミュニケーションし、利益に結び付けるという CRM 概念を援用し、「企業と社会の関係」をコミュニケーションを軸に再考し、これらの CSR 活動をコミュニケーションすることにより、間接的な利益が生まれ、経済的価値との共通価値が創造されることを述べていく。さらに、「CSV」についても、その活動を通

して生まれる直接的利益に加え、その活動をコミュニケーションすることにより、間接的利益が生まれ、経済的価値が高まることについても示していく。

(1) 「企業コンプライアンス」のコミュニケーション効果

　企業コンプライアンスにおいて、コミュニケーションは義務的なものと位置づけられる。事故製品を通した被害が広がる危惧がある場合の注意喚起と回収促進とお詫びのためのコミュニケーション等がこれにあたる。
　このコミュニケーションは利益を目的としたものでは無いのにもかかわらず、その姿勢によっては、利益に結びつくことがある。その事例として、松下電器（現パナソニック）の石油温風器の事故に対する注意喚起と回収促進のためのテレビ CM があげられる。2005 年の 12 月 10 日から 12 月 19 日までの間、通常の CM は一切流さず、全てを石油温風器の事故対応 CM に切り替えた[8]。年末のボーナス商戦の時期にあたるため、売上げに大打撃があることが危惧されたが、蓋をあけてみると、徹底した姿勢が好感を集め、同月の CM 好感度調査で 2 位にランクインした（CM 総合研究所 2006）。好感要因についてみてみると、「企業姿勢に嘘がない」と「宣伝文句」と「説得力に共感」が、それぞれ 1 位の反応を獲得した。「CM 好感度」と「購買意向」との間には高い相関関係（相関係数は 0.9914）があることが判明しており（八巻 2005、八巻 2006）、それを裏付けるように、営業利益は、事故が発生した 2005 年 12 月を挟んで順調に右肩上がりに推移している[9]。この事例から、企業コンプライアンスに関わる活動においてもコミュニケーションのやり方によっては、マーケティング効果を生むことがあることがわかる。しかし、企業コンプライアンスに関するコミュニケーションの目的は事故発生を防ぐための義務的なものであり、利益を生むことではない。発生した利益はマーケティングと位置づけ、マーケティング目標を立てた上での計画的な利益ではなく、偶然に発生した「意図せざる利益」である。したがって、企業コンプライアンスのコミュニケーション効果をマーケティングと位置づけることはできない。

(2) 「企業の社会貢献」のコミュニケーション効果

　値下げ原資に乏しい中小企業が大手企業と価格競争で正面衝突しても勝ち目

がない場合、値下げ原資をもとに寄付を行うことにより、差別化を図ることができる。このように、CRMとしてマーケティング戦略を立てた上で社会貢献を行い、コミュニケーションすることにより、社会貢献からは直接的な利益は無くとも、マーケティング戦略の成功を通した間接的な利益がもたらされることがある。CRMのマーケティング効果は短期的な売上げ増だけでなく、長期的な「消費者に対するブランド構築」や、「従業員に対するモラル向上等のインターナル・マーケティング効果」や、「株主や社会等様々なステークホルダーに対する効果」等も期待できる。これらの企業の社会貢献をコミュニケーションすることにより生まれる効果については、数々のCRMに関する研究で実証されている（世良 2014）。

(3) 「企業倫理」のコミュニケーション効果

フェアトレードについて、ポーターとクラマーは、共通価値を創造しないと明言している[10]。そのため、フェアトレードは、CSVに位置づけることはできず、「本業を通した自主的な社会対応活動」であるため、図表6-2においては「企業倫理」に位置づけられることになる。

ポーターとクラマーは、社会的価値と直接的な経済的価値を共に増加させる活動のみをCSVと捉えている。確かに、ポーターとクラマーが指摘しているように、フェアトレードは直接的な経済的価値を創造する活動ではない。しかし、フェアトレード製品であることをロゴ等を用いてコミュニケーションすることにより、製品のコモディティー化を防ぎ、製品差別化を通した間接的な経済的価値を創造することができる。直接的な経済的価値を生まない活動についても、その活動をコミュニケーションすることにより、間接的な経済的価値を生むことになる。そのことを裏付ける研究としては、コーヒーを選ぶ際、フェアトレードであるかどうかが、価格の次に重要であるという研究（Northey 2006）や、バナナを買うときに、51％の人が、価格よりも、フェアトレードであるかを重視するという研究（Mahe 2010）がある。フェアトレードと同様に、「企業倫理」にあたる活動であるFSCやMSCといった持続可能性を追求した森林伐採や漁獲の場合も、そのロゴを使ったコミュニケーションが積極的に行われている。

このように直接的な利益を生まない「企業倫理」に当たる活動も、マーケティングと位置づけ、コミュニケーションすることにより、間接的な利益に結びつけることができる。

(4)　「CSV」のコミュニケーション効果

ポーターとクラマーは「環境意識の高まりや技術革新により、水利、原材料、包装といった分野で新しいアプローチが登場し、またリサイクルや再利用も広がっている」と指摘したうえで、過剰な包装を削減することを CSV と捉えている（Porter and Kramer 2011）。そこで、ペットボトル軽量化による環境負荷軽減に取り組んだ日本コカ・コーラのミネラル・ウォーター「い・ろ・は・す」を CSV の事例と捉え、分析していきたい。

日本コカ・コーラは、2009年に、樹脂使用量を従来に比べて4割減らした容器[11]を採用した「い・ろ・は・す」を発売し、翌年には国内で初めて植物由来の素材を使ったペットボトルへと改善した[12]。ボトルの厚さを従来品より約4割薄くすることで、簡単に潰せるようになった[13]。日経産業新聞[14]は「い・ろ・は・す」について、「樹脂使用量を減らしたことにより、ごみのかさを減らすことで、リサイクル時の運搬などの環境負荷も減らすこともでき、コストの大部分は容器と物流費とされるミネラル水のコスト削減にも直結する。」としている。このことから日本コカ・コーラは製品およびバリューチェーンにおける環境に関する社会問題の解決を通して、同社の物流コスト削減という経済的価値も実現するという共通価値の創造を狙っていると捉えることができる。

さらに、日本コカ・コーラは、「い・ろ・は・す」において、環境を強調した積極的なコミュニケーションを行っている。色に関しては、ミネラル・ウォーター市場では、それまで、水色が定番であったが、環境をイメージする緑色とした[15]。CM では、俳優・阿部寛が空のボトルを"しぼる"様子を流し、店頭ディスプレーや自動販売機にも絞ったボトルを展示した[16]。

これらのコミュニケーション戦略の結果、「い・ろ・は・す」発売後、同社の環境イメージは改善している。日経エコロジーと日経 BP 環境経営フォーラムが実施している環境ブランド調査において、日本コカ・コーラの環境ブラン

ド指数は、発売翌年の 2010 年に前年の 66.4[17] から 72[18] に急上昇し、その後も上昇を続け、2013 年には 82.4[19] に達している。また、その指数の企業ランキングをみてみると、「い・ろ・は・す」発売前の 2009 年は 38 位[20] であった同社の順位が、2013 年には 7 位[21] に上昇している。さらに、2013 年の「リサイクルに力を入れている企業ブランド」のランキングでは、同社は 1 位となっている[22]。また、2013 年に日経 BP コンサルティングのインターネット調査システムを通じて実施されたエコや社会貢献イメージ調査（回答数 3,633 人）の結果、「い・ろ・は・す」はミネラル・ウォーター部門で 1 位となっている[23]。

これらの調査の対象となっている「環境問題」は、筆者が継続的に行っている「企業が取り組むべき問題としてふさわしいもの」について尋ねた調査において、図表 6-5 のように、「貧困問題」や「教育問題」等の他のコーズを引き離して圧倒的に高い支持を得ている。そして、CRM に関する研究成果をみてみると、「消費者と支援先コーズとの関係」が「購買意欲」に影響を与えるとしている (Cornwell and Coote 2005, Landreth 2002, 世良 2008, Vaidyanathan and Aggarwal 2005, Webb 1999)。消費者から高い支持を得ているコーズを企業が支援した場合、その企業の商品に対する購買意欲が高まるということにな

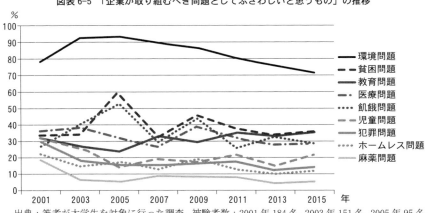

図表 6-5 「企業が取り組むべき問題としてふさわしいと思うもの」の推移

出典：筆者が大学生を対象に行った調査、被験者数：2001 年 184 名、2003 年 151 名、2005 年 95 名、2007 年 249 名、2009 年 249 名、2011 年 667 名、2013 年 378 名、2015 年 528 名。

図表6-6 日本コカ・コーラのミネラル・ウォーター市場におけるシェアの推移

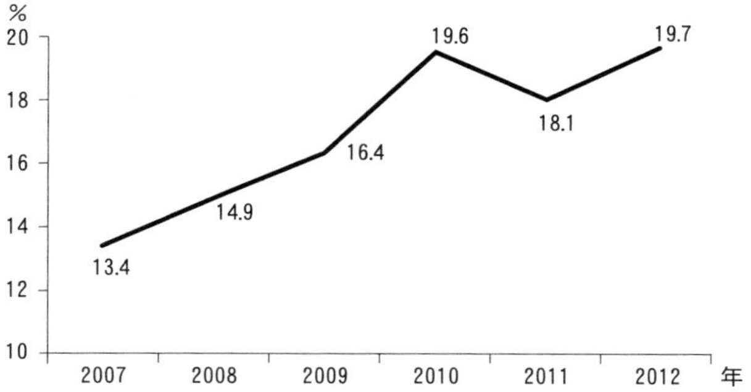

%
- 2007: 13.4
- 2008: 14.9
- 2009: 16.4
- 2010: 19.6
- 2011: 18.1
- 2012: 19.7

出典：日経産業新聞（2008）、日経産業新聞（2009）、日経産業新聞（2010）、日経産業新聞（2011）、日経産業新聞（2012）、日経産業新聞（2013）をもとに筆者が作成。

る。したがって、「い・ろ・は・す」の環境を強調したコミュニケーションによって、「環境」に関するイメージが、大幅に改善した日本コカ・コーラの商品に対する購買意欲は高まっていることが予想できる。そのことを裏付けるように、図表6-6では、ミネラル・ウォーター市場において、日本コカ・コーラのシェアは上昇している。この結果から、それまで、採水地で選ぶのが常識だったミネラル・ウォーター市場に、「環境にいい商品を選ぶ」という新しい基準を提案し[24]、それが受け入れられたといえよう。

このケースにおいて、CSVの社会的価値のコミュニケーションを行わない場合に創造された経済的価値は、ボトル軽量化による流通コストの削減のみであった。これに対し、環境に良いことをしているという社会的価値を積極的にコミュニケーションした場合は、それが購買意欲喚起に結び付き、創造された経済的価値は増大したと捉えることができる。

(5) 本業を通したCRM

ポーターとクラマーが主張しているように、CSVとして行われる本業を通した直接的利益のみを重視し、間接的な利益が生まれる「CSRとCSVのコミュニケーション」を行わない場合の経済的価値を図示したものが図表6-7である。一方、今節で述べてきた「CSRとCSVのコミュニケーション」を実施した場合の間接的な利益も含んだ経済的価値を図示したものが図表6-8であ

図表 6-7 コミュニケーションを実施しない場合の経済的価値

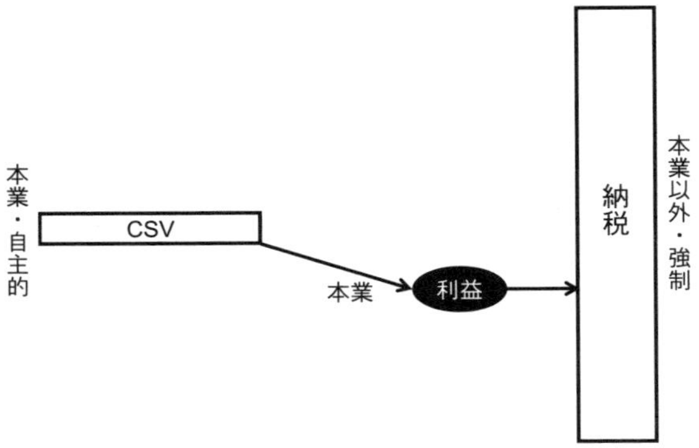

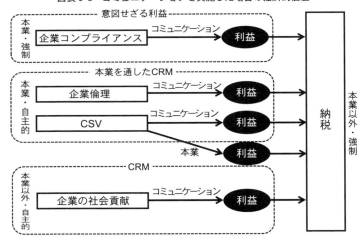

図表 6-8 コミュニケーションを実施した場合の経済的価値

る。両図を比較すると、コミュニケーションを行った場合の経済的価値が高まっていることがわかる。

　図表 6-8 の一番上のルートは、本業を通しての強制的な社会対応活動に位置づけられる「企業コンプライアンス」（図表 6-2 の左上）をコミュニケーションした場合を示している。本節第 1 項の松下電器の事例で示したように、その姿勢によっては利益を生む場合もあるが、当初から利益を追求したものではな

いため「意図せざる利益」と位置づけられる。これは、マーケティング目標を立てた上でのコミュニケーションではないので、マーケティングと位置づけることはできない。しかし、「意図せざる利益」が生じた場合には「納税」と結び付くことになる。

　図表6-8の一番下のルートは、「本業以外を通した自主的な社会対応活動」に位置づけられる「企業の社会貢献」（図表6-2の右下）をコミュニケーションした場合を示している。本節第2項で示したように、社会貢献をCRMとしてマーケティングと位置づけ、マーケティング目標を設定したうえで、コミュニケーションすることにより利益を生むことができる。そして、その利益は「納税」と結び付くことになる。

　最後に残ったルートが真ん中の「本業を通したCRM」と名づけたルートである。「本業を通した自主的な社会対応活動」に位置づけられる「企業倫理」と「CSV」（図表6-2の右上）をコミュニケーションした場合を示している。

　本節第3項で「フェアトレード」を通して示したように「企業倫理」の場合、その活動をマーケティングと位置づけ、マーケティング目標を設定した上で、コミュニケーションすることにより、利益に結びつけることができる。それにも関わらず、この活動を示す用語が存在していなかったため、筆者はこれまで「企業倫理」にあたる活動をマーケティングに結び付けるという意味で「エシックス・リレーテッド・マーケティング」とし、コーズ支援をマーケティングに結び付けるCRMと対峙する概念と位置づけてきた（世良 2014）。

　しかし、本章第1節で述べたように、図表6-1の③を表す用語として、マイナスの影響を防ぐ意味合いの濃い「企業倫理」のみを用いることに違和感を覚えていたところ、社会にプラスのインパクトを与える活動を意味する「CSV」という用語が提示されたことにより、図表6-1の③の部分を、「企業倫理」のみが対応するかたちから、図表6-2で示したように、「企業倫理」と「CSV」が共存すると捉え直した。

　そして、「CSV」の場合、図表6-7のように、ポーターとクラマーが指摘している本業を通した利益が生ずるうえ、本節第4項で「い・ろ・は・す」の事例でみたように、「企業倫理」と同様に、その活動をマーケティングと位置づけ、マーケティング目標を設定した上で、コミュニケーションすることによ

り、図表6-8のように、利益に結びつけ、経済的価値を増大させることができる。

そのため、「企業倫理」と同様に、「CSV」についても、それをマーケティングと位置づけ、コミュニケーションし、利益と結び付けることができるのにもかかわらず、それを表す用語がないことになる。そこで、「『本業を通した』自主的な社会対応活動」を構成する要素を「企業倫理」と「CSV」が共存するかたちに捉え直したことを反映し、「企業倫理」のみをコミュニケーションし、マーケティングに結び付けた活動を意味する「エシックス・リレーテッド・マーケティング」を、いずれも本業を通した活動である「企業倫理」と「CSV」をコミュニケーションし、マーケティングに結び付けた活動と捉え直し、「本業を通したCRM」と名付けたい。「CRM」は『本業を通した活動以外』のコーズ支援活動」をマーケティングと結び付けたものであるのに対し、「本業を通したCRM」は、「本業を通したコーズ支援活動（企業倫理とCSV）」をマーケティングと結び付けたものということになる。そして、「本業を通したCRM」を通して生まれた利益は、「納税」と結び付くことになる。

おわりに

第2節では、「CSV」の極端な自前主義を修正し、共通価値創造のアウト・ソーシングという考えを導入することにより、ポーターとクラマーが「CSV」との共存を否定している「社会貢献」や「納税」との共存の必要性について言及した。さらに、第3節では、図表6-7で示したような本業を通した利益のみを認めるポーターとクラマーの直接的利益偏重を修正し、CRM概念を拡張し、「本業を通したCRM」として、社会に対応した本業を通した活動をマーケティングと位置づけコミュニケーションすることにより、第1節で提示した図表6-2の「企業の社会対応」のそれぞれの構成要素はコミュニケーションを軸に図表6-8で示したように結び付き、創造される経済的価値は、本業を通した直接的な経済的価値のみを表す図表6-7よりも高まることになることに言及した。

したがって、ポーターとクラマーのように、「CSV」を「CSR」にとって代

わるものと捉えたうえ、「納税」を否定的に捉えるのではなく、図表6-2のように「CSV」を「CSR」(「企業コンプライアンス」と「企業倫理」と「企業の社会貢献」)や「納税」と共存するものと捉え(第1節)、共通価値創造のすべてを本業で行うのではなく、効率を考慮し必要な場合は、「社会貢献」や「納税」にアウト・ソーシングを行い(第2節)、社会的活動と共に創造される「直接的な経済的価値創造」のみを追求するのではなく、社会的活動をコミュニケーションすることにより創造される「間接的な経済的価値創造」にも目を向け、社会的価値と経済的価値との共通価値創造機会を拡大していくべきである(第3節)。

このようにして、本業と本業以外を通して、社会的価値と共に経済的価値を高めることにより、「はじめに」で述べたように、東日本大震災から5年経っても継続的な支援が必要とされている被災地支援を継続的に出来るようになるであろう。納税に関しても、被災地に本社を移転するといった支援がなされている。

(世良耕一)

注
1) 本章は世良(2015)をもとに、その他の研究成果を加え展開したものである。
2) 朝日新聞、2016年3月11日。
3) 朝日新聞、2016年3月6日。
4) 日本経済新聞、2016年3月27日。
5) 日本経済新聞、2016年1月10日。
6) 朝日新聞、2016年3月5日。
7) 日本経済新聞、2016年3月20日。
8) 広報会議(PRIR)、2006年7月号。
9) 『会社四季報』東洋経済新報社。
10) Porter and Kramer (2011) では、「フェアトレードの目的は、同じ作物に高い価格を支払うことで、貧しい農民の手取り額を増やすことである。気高い動機ではあるが、創造された価値全体を拡大するものではなく、主に再配分するためのものである。」として、共通価値に値しないとしている。そして、「共通価値では、農民の能率、収穫高、品質、持続可能性を高めるために、作物の技術を改善したり、サプライヤーなど支援者の地域クラスターを強化したりすることが重視される。その結果、売上げと利益のパイが大きくなり、農家と収穫物を購入する企業の双方が恩恵に浴する。」としている。
11) 日経産業新聞、2010年7月30日。
12) 日経エコロジー、2010年2月号。
13) 日経ビジネス、2009年8月24日号。
14) 日経産業新聞、2010年7月30日。

15) 週刊アエラ、2013 年 12 月 23 日号。
16) 日経 WOMAN、2011 年 1 月号。
17) 日経エコロジー、2009 年 8 月号。
18) 日経エコロジー、2010 年 8 月号。
19) 日経エコロジー、2013 年 8 月号。
20) 日経エコロジー、2009 年 8 月号。
21) 日経エコロジー、2013 年 8 月号。
22) 日経エコロジー、2013 年 8 月号。
23) 日経エコロジー、2013 年 12 月号。
24) 日経 MJ、2010 年 12 月 12 日。

参考文献（引用文献）

CM 総合研究所『CM INDEX』第 21 巻第 1 号、59 頁、2006。
世良耕一「コーズ・リレイテッド・マーケティングにおける寄付表記がもたらす影響に関する一考察」『広告科学』第 49 集、2008 年、46-61 頁。
世良耕一『コーズ・リレーテッド・マーケティング：社会貢献をマーケティングに活かす戦略』北樹出版、2014 年。
世良耕一「本業を通したコーズ・リレーテッド・マーケティング：CSV を取り入れた CRM 概念の拡張」『日経広告研究所報』Vol.283、2015 年、18-25 頁。
日経産業新聞編『日経市場占有率 2009 年～2014 年版』日本経済新聞出版社、2008～2013。
ポーター、マイケル「CSR の呪縛から脱却し、『社会と共有できる価値』の創出をマイケル・ポーター米ハーバード大学教授が提示する新たな枠組み」、日経ビジネスオンライン（中野目純一、広野彩子によるインタビュー記事、2011 年）。http://business.nikkeibp.co.jp/article/manage/20110516/219999/?rt=nocnt（2015 年 1 月 29 日アクセス）
ポーター、マイケル「社会問題の解決と利益の創出を両立：企業に新たなビジネス機会をもたらす CSV とは〈上〉」日経 Biz アカデミー（インタビュー記事、2013/01/09）。http://bizacademy.nikkei.co.jp/feature/article.aspx?id=MMACz2000007012013（2014 年 9 月 18 日アクセス）
八巻俊雄「量より質　テレビ CM の売上効果」『日本広告学会第 36 回全国大会報告要旨集』2005 年、104-106 頁。
八巻俊雄「TVCM の売り上げの効果は量より質」『マーケティングホライズン』第 571 号、2006 年、14-16 頁。
Cornwell, T. Bettina and Leonard V. Coote, "Corporate Sponsorship of a Cause: The Role of Identification in Purchase Intent," *Journal of Business Research*, Vol.58, 2005, pp.268-276.
Landreth, Stacy, "For A Good Cause: The Effects of Cause Importance, Cause Proximity, Congruency and Participation Effort on Consumers' Evaluations of Cause Related Marketing," Dissertation, Louisiana State University and Agricultural and Mechanical College, 2002.
Mahe, Thuriane, "Are Stated Preferences Confirmed by Purchasing Behaviours? The Case of Fair Trade-Certified Bananas in Switzerland," *Journal of Business Ethics*, Vol.92, 2010, pp.301-315.
Northey, James A., "The Canadian Coffee Consumer: Understanding Consumer Preferences for Fair Trade Coffee Products," Dissertation, The University of Guelph, 2006.
Porter, Michael E. and Mark R. Kramer, "Strategy and Society: The Link Between Competitive Advantage and Corporate Social Responsibility," *Harvard Business Review*, Vol.84, Iss.12, 2006, pp.78-92.（Diamond ハーバード・ビジネス・レビュー編集部訳「『受動的』では価値を創出できない：競争優位の CSR 戦略」『Diamond ハーバード・ビジネス・レビュー』、2008 年 1 月号、36-52 頁。）

Porter, Michael E. and Mark R. Kramer, "Creating Shared Value," *Harvard Business Review*, Vol.89, Iss.1/2, 2011, pp.62-77.（Diamond ハーバード・ビジネス・レビュー編集部訳「Creating Shared Value：経済的価値と社会的価値を同時実現する共通価値の戦略」『Diamond ハーバード・ビジネス・レビュー』、2011年6月号、8-31頁。）

Vaidyanathan, Rajiv and Praveen Aggarwal, "Using Commitment to Drive Consistency: Enhancing the Effectiveness of Cause-Related Marketing Communications," *Journal of Marketing Communications*, Vol.11, Iss.4, 2005, pp.231-246.

Webb, Deborah J., "Consumer Attributions Regarding Cause-related Marketing Offers and Their Impact on Evaluations of The Firm and Purchase Intent: An Experimental Examination," Dissertation, College of Business Administration of Georgia State University, 1999.

第 7 章
公益法人の不祥事に対する企業経営の活用

はじめに

　公益法人（公益社団・財団）制度に関して、2008（平成 20）年 12 月に新制度が施行され、特例民法法人からの移行期間も 2013（平成 25）年 11 月末に終了となった。旧制度の公益法人の移行はほぼ終了するとともに、新しい公益法人制度では、今までの主務官庁のさじ加減で不明瞭な面があったのに対し、一般社団・財団法人からの公益認定の基準が旧制度と異なり明確化し、多くの法人が公益法人の認定を受けている。

　執筆時点では、新たに公益認定を受けた法人も含め、全国で約 1 万弱の公益法人が活動している。公益法人と同様に税制上の優遇を受ける非営利法人制度として認定 NPO 法人制度があるが、法人数は 2016（平成 28）年 6 月末現在で仮認定を含み約 900 強の法人数であり、比較すると公益法人数が大幅に多いことがわかる。

　官から民の流れの中で、公益法人の果たす役割は大きく、その支援の一環として税制上の優遇が行われている。新制度は公益法人制度改革として 110 年ぶりの制度改正と言われているが、その背景には公益法人に関わる不祥事がある。

　それだけに、公益法人が社会的価値のある公益を果たす存在として国民に期待され、その目的と事業内容への賛同があることを前提に、税制上の優遇が講じられていることを自覚するとともに、法令等の規定に基づき、国民からの支持を得るに相応しいガバナンスを構築し、透明性の高い業務運営を行っていく[1]ことが当然ながら求められている。筆者はこのような公益法人に税務やコンサルティング業務及び監事等として関わっているが、特に不祥事に関して

問題意識を持っている。

　新制度の開始後、公益認定取消やさらに破綻となった公益法人の事案が内閣府公益認定等委員会のホームページや新聞等で公表されている。また、筆者は特例民法法人からの移行における第三者委員会調査に関与した経験があり、事業内容は社会的にも価値があるものであったが、資金の流用が発生していたため、同じ規模での継続は不可能となった。民間企業のガバナンスや内部統制を構築していれば防げただけに大変残念に感じた。

　これらの不祥事の原因として、社会に役立つ事業を行っており、理事長や事務局長に任せておけば問題ないと考えたり、報酬はもらっていないボランティアだから手間を掛けたくないと考えたりするなど、悪い意味での性善説に立っているケースが多いのではないかと考えている。民間企業でもこのような事象は発生しているが、ガバナンスや内部統制を整備・運用することによって防止、もしくは大きな問題となることを防いでいる。公益法人にも十分活用できると考えられ、本章ではこの点について検討していく。

1．公益法人の現況

(1)　公益法人の定義と法人数

　本章では、公益法人を公益社団法人又は公益財団法人に限定し、議論を進めていく。公益法人は、公益を目的とする事業を行う一般法人（一般社団法人又は一般財団法人）が行政庁（内閣総理大臣又は都道府県知事）に申請し、公益認定を受けた法人である。公益認定を受けるためには、事業の公益性や法人としてのガバナンス等について認定法に定められた基準を満たす必要があるが、この判断は民間有識者で構成される合議制の機関（国にあっては内閣府公益認定等委員会、都道府県にあっては各都道府県の合議制機関）が行う[2]。旧制度では法人の設立と公益性を主務官庁が一体的に判断していたが、現在の公益法人制度は、登記のみで一般法人が設立でき、公益認定は認定基準が明示されている。その点で、主務官庁の裁量に委ねられ不明瞭と問題となっていたことからは大きく改善されている。

　公益法人には、官から民への流れも踏まえ、公益法人の活動を支える寄付に

関して、寄付者への税制上の優遇措置が設けられている。また、公益法人も利子・配当等に係る源泉所得税の非課税やみなし寄附等が設けられているとともに、固定資産税や不動産取得税等の非課税措置が講じられている場合もある。このような優遇がある反面、行政庁の監督を受けることになり、定期的に一定の書類を提出するとともに、必要に応じて報告徴収を受け、また概ね3年に1回の立入検査を受けることとなる。但し、認定法[3]は公益を担う主体として自己規律及び適正な事業実施を期待し、また前提としていることから、公益法人自らにおいて規律していくことが運営の基本原則[4]となっている。

公益法人は2014（平成26）年12月1日時点において、9,300法人であり、内訳は、公益社団法人が4,089法人（44.0％）、公益財団法人が5,211法人（56.0％）である[5]。公益目的事業の事業目的で上位3事業としては図表7-1となる。地元の環境美化の活動や関連する講演会の開催、経済的に困窮している学生への奨学金の支給など具体的な事業でないとイメージがつきにくい面もあるが、公益法人という言葉自体も国民の間に浸透しており、例えば公益法人に関する新聞等の記事がほぼ毎日掲載される状況[6]などからも、一定の役割が認められていると考える。

図表7-1　公益目的事業の事業目的別上位3事業

	内閣府所管公益法人（2,334法人）[7]	都道府県所管公益法人（6,966法人）
1位	学術及び科学技術の振興 857法人（36.7％）	地域社会の健全な発展 2,976法人（42.7％）
2位	文化及び芸術の振興 491法人（21.0％）、児童又は青少年の健全な育成 491法人（21.0％）	高齢者の福祉の増進 1,548法人（22.2％）
3位	教育、スポーツ等を通じて国民の心身の健全な発達に寄与し、又は豊かな人間性を涵養すること 423法人（18.1％）	児童又は青少年の健全な育成 1,389法人（19.9％）

注：各法人の移行認定、公益認定又は変更認定の申請データ（複数計上）による。
出典：内閣府公益認定等委員会「公益認定等委員会の活動状況平成26年度」、2015年、4頁より引用。

(2)　公益法人の組織

公益法人において必置の機関である理事会についてであるが、株式会社の取締役会と同様の位置付けとなっている。理事会は、法人の業務執行を決定し、また理事の中から代表理事や業務執行理事を選定する権限と責任を有するとと

もに、各理事の職務執行を監督する責任[8]を負っている。また、公益社団法人の社員総会及び公益財団法人の評議員会は、株式会社の株主総会と同様であり、定款変更や役員の選解任の権限を有している。本章では、法人の業務執行における重要性は理事会にあると言えるため、理事会を中心に検討する。

公益法人における理事数と割合を表したものは図表7-2である。理事在任者総数は約13万人となっているが、平均値は14.2人であり、中央値は11人となっている。但し、常勤理事数により抽出・集計したものは図表7-3であり、図表7-2と異なる結果となる。図表7-3では、常勤の理事が0人である割合は42％と半分弱を占めている。また、1人である割合は44％、2人である割合が13％と両者の合計が57％となっている。理事会として代表理事や業務執行理事などの各理事の職務執行を監督する責任を負っている反面、常勤割合は低く、各公益法人も理事数に対する常勤理事数の割合は0％が40％（3,687法人）、0％超10％以下が27％（2,528法人）、10％超20％以下が21％（1,986法人）となっている。監事についても、監事在任者総数は約2万人となっているが、平均値は2.1人である。また、常勤監事が在籍しているのは73法人しかなく、わずか0.8％と1％未満である。

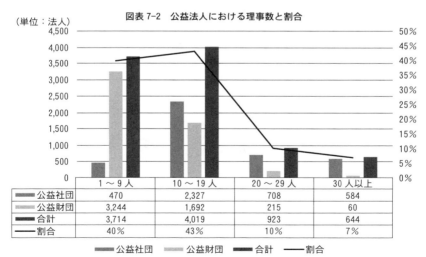

図表7-2 公益法人における理事数と割合

	1～9人	10～19人	20～29人	30人以上
公益社団	470	2,327	708	584
公益財団	3,244	1,692	215	60
合計	3,714	4,019	923	644
割合	40％	43％	10％	7％

出典：内閣府公益認定等委員会「平成26年公益法人に関する概況」、2015年、集計に用いたデータより抽出・集計。

図表 7-3　公益法人における常勤理事数と割合

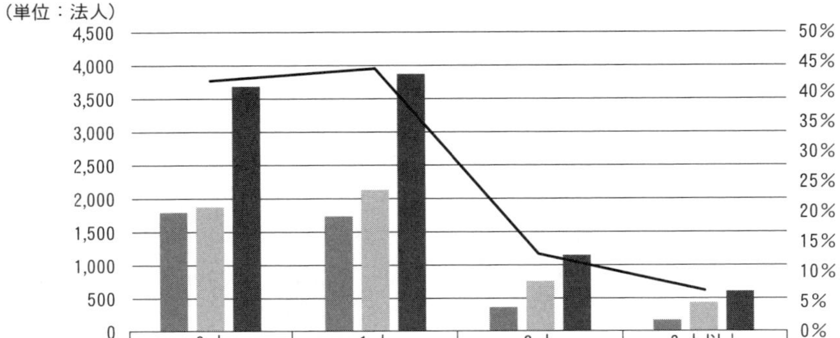

	0 人	1 人	2 人	3 人以上
公益社団	1,790	1,733	388	178
公益財団	1,897	2,134	751	429
合計	3,687	3,867	1,139	607
割合	42%	44%	13%	7%

公益社団　公益財団　合計　割合

出典：内閣府公益認定等委員会「平成 26 年公益法人に関する概況」、2015 年、集計に用いたデータより抽出・集計。

図表 7-4　公益法人における職員数と割合

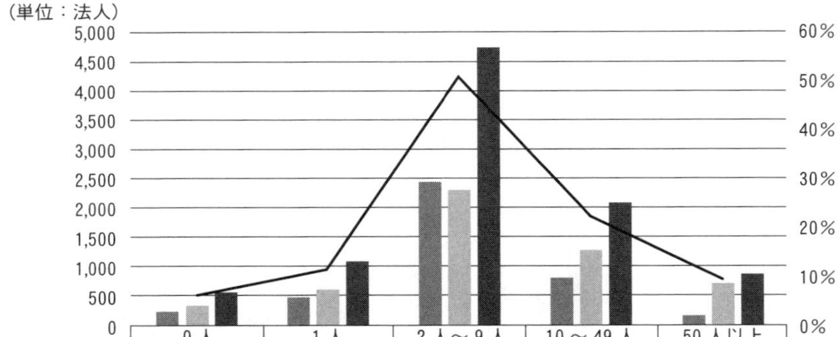

	0 人	1 人	2 人～ 9 人	10 ～ 49 人	50 人以上
公益社団	232	469	2,435	798	155
公益財団	328	606	2,299	1,273	705
合計	560	1,075	4,734	2,071	860
割合	6%	12%	51%	22%	9%

公益社団　公益財団　合計　割合

出典：内閣府公益認定等委員会「平成 26 年公益法人に関する概況」、2015 年、集計に用いたデータより抽出・集計。

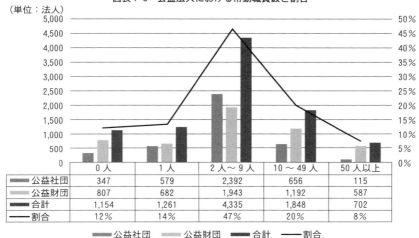

図表 7-5　公益法人における常勤職員数と割合

	0人	1人	2人～9人	10～49人	50人以上
公益社団	347	579	2,392	656	115
公益財団	807	682	1,943	1,192	587
合計	1,154	1,261	4,335	1,848	702
割合	12%	14%	47%	20%	8%

出典：内閣府公益認定等委員会「平成26年公益法人に関する概況」、2015年、集計に用いたデータより抽出・集計。

　また、職員についてであるが、必置ではないが、実際は公益法人の活動を事務処理面から実務を支えるケースが多いと考える。公益法人における職員数と割合を表したものは図表7-4である。公益法人の常勤及び非常勤職員の総数は約24万人となっているが、平均値は25.8人であり、中央値は5人となっている。常勤職員数により抽出・集計したものが図表7-5であるが、理事数及び常勤理事数と少し異なり、常勤職員が0人の割合が6%から12%に増加しているが、1人以上常勤職員が在籍する割合は88%である。なお、常勤理事0人常勤職員0名の法人は838法人（9%）、常勤理事1名以上常勤職員0人の法人は1,140法人（12%）となっている。

2. 公益法人における不祥事事件

　公益法人における不正などの不祥事事件は、上場会社をはじめとする株式会社と同様に発生しているが、公益法人は株式会社と異なり利益を第1とする法人ではなく、利益の獲得が可能で他の法人が参入する余地がないと、簡単に代替ができないケースも生じる。公益法人における不正などの不祥事について開

示されている資料や業務での経験を元に原因を検討する。理事や監事においては、報酬の有無にかかわらず、法人の事業や財産の管理を適切に行う義務や責任があり、これを怠ったことにより法人に損害が発生した場合には、損害賠償責任等の責任を問われる[9]ことになる。役員の責任という観点から検討していく。

(1) 公益財団法人日本ライフ協会

2016（平成28）年2月に内閣府公益認定等委員会から公益認定の取り消しについて勧告がなされ、3月に認定が取り消された。当初、2016（平成28）年1月に内閣府公益認定等委員会から勧告がなされている。勧告によると、日本ライフ協会は事業として、「みまもり家族」事業等を実施しており、「みまもり家族」事業中の「万一の時の支援」事業は、利用者からの資金の拠出を原資として実施している。しかし、協会は、変更認定を受けることなく公益目的事業の内容を変更し、公益認定の前提となっている3者契約（預託金を第3者である弁護士等が管理）ではなく、2者契約（預託金を協会が直接管理）を締結し、その預託金を流用した結果、預託金総額883,761,410円のうち、274,122,941円の不足額を生じさせた。

これに対して、措置として経理的基礎を回復、確立するために、①預託金を早急に確保するための「回復計画」の策定、②法人から独立した責任者の設置、運用管理規程の整備、③既存の2者契約を3者契約に変更する「変更計画」の策定を求めたが、民事再生法の開始の申立てを行ったため、公益認定の取消を勧告し、認定が取り消されたものである。平成28年1月では、協会の執行部、理事会、監事及び評議会は、預託金不足を是正するための適切な権限を行使しておらず、その果たすべき職務上の義務に違反するなどの疑いがあるとしており、ガバナンス上の問題があることが示されている。

特に、機関の問題として①変更認定を受けることなく公益目的事業の内容を変更して多数の2者契約を締結し、更にその上、2者契約預託金の流用により多額の預託金不足額を生じさせたこと、②一般法人法に基づく義務を果たし又は権限を適切に行使することにより、これらの不適切な行為を確認、是正することを怠意し、その結果、当該法人がその自己規律を発揮することができ

なかったことを挙げている。理事会、監事及び評議員会が果たすべき責務について指摘している。また、役員には、賃貸住宅賃料補助等多くの種類の手当が支給されており、かつ常勤理事には、法人が保険料を負担する退職時に解約することを前提とした終身保険契約が締結されていたことも記載されている。

民事再生法の開始申立て後の債権者説明会（2016（平成28）年2月）における保全管理人の質疑応答では、債権者の会員が約2,600人いるが、会員への返却のための十分な資産がない点、破産に移行すると40％配当されるかどうかは未定としている。従業員はスポンサーが現れないと3月2日に解雇としている。また、経理担当等、一部の職員を除き、不正流用は知らず、所長レベルでも把握していなかったと思うと述べている。その後、新聞報道によると、スポンサーを予定した法人から辞退を受け、4月27日に大阪地裁から破産開始決定を受けた。事業自体も終了になるとしており、大きな社会的な影響があると考えられる。

(2) 内閣府公益認定等委員会の事例集等

内閣府公益認定等委員会では「事例に学ぶ財産管理」として、横領事件や不適切な会計処理の事例と対応に関して公表している。この中での2事例及び筆者自身が第三者委員会委員として参加した事例について、図表7-6にまとめている。どの事例においても、理事及び監事の責任は重く、財産が流出することは公益目的事業がその分実施できないことにつながる。第三者委員会での事例では、理事や監事などの関係者へのヒアリングを実施したが、これらの不祥事の原因として、悪い意味での性善説に立っており、責任への意識が希薄という点を強く感じた。

先代の理事長に頼まれたからという理由や今の理事長が友人であるからという理由などが役員就任理由であったが、社会的に認められた事業を行っているので悪いことは起きないと考えた点、理事長に任せておけば問題ないと考えたという点、報酬はもらっていないボランティアだから手間は掛けたくないと考えた点などが役員として何も対応しなかったことの理由としてヒアリングで述べられた。これらはガバナンスの欠如と一言で述べることができるが、実際には公益法人が潜在的に抱えている問題ではないかと感じている。不祥事等を防

図表 7-6 内閣府公益認定等委員会における不祥事事例及び第 3 者委員会での事例

	事案	発生原因	対策
社団法人	法人職員（事務長）により、10年以上の長期にわたり継続的に総額1億円以上を横領された。	① 定期預金や普通預金の通帳等の証書類と銀行届出印が同じ金庫に保管されていた。 ② 決算手続として、預金残高を確かめるため預金通帳、定期預金証書や残高証明書との照合作業が十分に実施されていなかった。	① 通帳、預金証書と銀行届出印は同一場所で保管しない。 ② 金融機関から残高証明書を財務担当の理事や監事が直接入手して、帳簿残高が本当に実在しているかどうかを確認する。
財団法人	横領は会計係長によって行われ、横領額は発覚までの1年半の間に総額数千万円に及んだ。発覚後、理事長及び事務局長は引責辞任。会計係長は解雇され、民事事件として係争中。刑事告発済み。	① 法人は、財産管理規程等を整備したが、規定通りに運用されておらず、事務局長から全幅の信頼を寄せられた会計係長に、すべて一任（通帳や銀行印等）の状態が継続していた。 ② 理事・監事は、現金の実査や通帳、残高証明書を確認することなく決算内容の確認や監査を実施し、役員の当事者意識が欠如していた。	① 通帳と銀行届出印の別保管や会計伝票の承認体制、現金実査、残高証明書と会計帳簿の照合などの整備運用・監視する責任は理事・監事という意識改革。 ② 多額の現金を法人内で保管しない。
財団法人	理事長による奨学金資金の流用であり、他の財団への事業譲渡の実施。	常勤の職員はおらず、理事長に通帳や印鑑は預けられていた。理事会は形式的な開催（昼食会）にすぎず、実質的な議論はなく、書面上の開催もあった。残高証明書の偽造や通帳の偽造がなされ、監事での監査では原本でなくカラーコピーを閲覧しており、発見できなかった。	理事会で決議すべきことを実質的に審議するとともに、監事以外にも理事会前に理事長以外の財務担当理事が確認する必要がある。また、金融機関から残高証明書を直接入手など監事監査の実効性を高める必要がある。

出典：内閣府公益認定等委員会「事例から学ぶ財産管理」、2016年4月10日ダウンロードより引用・編集・1事例につき筆者作成。

止するためにガバナンスや内部統制を整備・運用することは必要であるが、魂が入らないと実効性はないため、就任する役員の意識改革は不可欠と言えるのではないかと考える。

3．今後の方向性について―公益法人のガバナンスと情報開示

　行政庁は、公益法人の事業の適正な運営を確保するために必要な限度において、公益法人に対して立入検査及び報告徴収を行うことができる。また、認定法の定める公益認定基準への不適合、その他の法令違反等が疑われる場合には、必要な措置をとるべき旨の勧告を、次いで勧告に係る措置がとられないと

きは当該措置をとるべき旨の命令を行い、更には公益認定の取消しを行うことができる[10]。公益法人における不祥事に対して、行政庁の権限を強化し、官による強化により対応すべきという議論も見かけるが、筆者は反対の立場を取っている。

現在の行政庁による監督については必要であると考えているが、新しい公益法人制度は法令に基づき法人自らが適切に法人運営を行うことを求めており、法人による自己規律（セルフガバナンス）が重要な鍵[11]であり、公益法人自らが対応することが必要である。また、検査の頻度を増加させることは、そのための人員や予算が必要となる。この対応として、情報の開示をより行い、現在及び将来の利害関係者、広くは市民によるガバナンスを働かせることが重要ではないかと考える。株式会社、特に上場会社での制度で利用できるものを活用すること、また、NPO法人制度で利用できるものを活用することを提言したい。

第1にNPO法人（特定非営利活動法人）制度で利用されている情報の開示についてである。NPO法人では内閣府のホームページにおいて、全国特定非営利活動法人の検索[12]が可能となっている。内容としては、基礎的な情報に加えて、一部の法人では開示書類として事業報告書等が開示されている。現在の公益法人制度では、公益法人に直接閲覧を求めることは可能であるが、ホームページでの開示は義務ではなく、開示されていないケースも散見される。NPO法人制度では、認定・仮認定NPO法人に加えて、NPO法人も開示対象となっており、範囲も広くなっている。また、2016年6月のNPO法改正案の成立により、貸借対照表の公告義務化、内閣府サイトの充実等が図られ、より情法開示が強化されていると考える。公益法人においても行政庁への提出がなされていることから、事業報告書や計算書類等をインターネット上でデータベースとして開示し、広く閲覧できるようにしていく必要があると考える。

第2に上場会社[13]を中心に利用されている、ガバナンスに関する情報の開示である。公益法人においても誰が役員であるか、及び役員の属性は重要な要素である。上場会社における株主総会招集通知では、会社役員に関する事項として、①氏名、②地位及び担当、③重要な兼職の状況、並びに④財務及び会計に関する相当程度の知見などが記載される。公益法人では、役員の就任に

関して三親等以内の親族や同一の団体に関する１／３制限があり、癒着による不祥事などの防止の工夫がなされているが、役員の情報をより開示することが法人による自己規律につながるとともに、外部からも有用な情報になると考える。

　また、上場会社における株主総会招集通知では、社外役員毎に取締役会及び監査役会における出席・発言の状況について記載し、書面決議への参加は、出席には含まれない。具体的な記載例は図表 7-7 となる。社外役員は一定の要件を満たした社外取締役及び社外監査役であるが、過去に当該株式会社またはその子会社の取締役、支配人その他の使用人などになったことがない者等が該当する。公益法人でもこのような情報を事業報告書に記載するとともに開示することによって、法人による自己規律につながると考える。例えば、ある理事の理事会への出席率が異常に低ければ、たとえ、定数上は会議が成立していたとしても、この理事はガバナンスへの貢献は低いと言わざるを得ない。図表 7-7 のような情報が開示されることによって、ガバナンスの状況が理解しやすくなるのではないかと考える。

図表 7-7　社外役員の主な活動状況

区分	氏名	主な活動状況
取締役	××××	当事業年度開催の取締役会のほぼ全回に出席し、主に〇〇の観点から、議案・審議等につき必要な発言を適宜行っております。
監査役	△△△△	当事業年度開催の取締役会及び監査役会の全てに出席し、必要に応じ、主に弁護士としての専門的見地から、当社のコンプライアンス体制の構築・維持についての発言を行っております。
監査役	〇〇〇〇	当事業年度開催の取締役会のうち 8 割に、また、当事業年度開催の監査役会のうち 9 割に出席し、必要に応じ、主に公認会計士としての専門的見地から、監査役会の場において、当社の経理システムの変更・当社監査基準の改定についての発言を行っております。

出典：一般社団法人日本経済団体連合会「会社法施行規則及び会社計算規則による株式会社の各種書類のひな型（改訂版）」、2016 年、31 頁。

おわりに

　公益法人は、機関設計において株式会社と同様であるが、実態としては、役

員及び職員の常勤の割合が少ないため、適切なガバナンス及び内部統制が構築・運用されなければ不正等の不祥事が発生する潜在的なリスクが上昇してしまう。公益法人に関わる機会は多いが、ほとんどの法人において、公益法人設立の趣旨を十分に理解するとともに、適切なガバナンスと内部統制が存在している。特に、企業経営を行っているもしくは経験がある人が執行側にいると、この傾向が強いと感じている。これは民間での企業・経営を公益法人に活用していることでもある。

　本章では、官による検査強化ではなく、情報公開の強化による公益法人関係者、さらには市民によるガバナンスの実現を進めるべきであることを述べた。情報開示の強化については、公益法人からの事務負担につながるという反対の意見が出るかもしれない。しかし、税の優遇措置がある以上、国民の信頼が根幹にあり、それだけに情報開示は必要である。さらに、ガバナンスや内部統制の強化は最終的に公益法人自身を守ることにつながるのであり、役員は自身の役割と責任を自覚することを忘れてはならない。寄付文化が浸透するためには、公益法人が重要な役割を持つと考えるが、そのためにも上場会社などの他の制度を参考にしつつ、より積極的な情報開示の方向へ進むことが望まれる。

（中村元彦）

注
1）　内閣府公益認定等委員会「公益認定等委員会の活動状況平成26年度」、2015年a、はじめに。
2）　内閣府公益認定等委員会（2015a）前掲、1-2頁。
3）　公益社団法人及び公益財団法人の認定等に関する法律（平成18年法律第49号）。
4）　内閣府公益認定等委員会（2015a）前掲、24頁。
5）　内閣府公益認定等委員会「平成26年公益法人に関する概況」、2015年b、1頁。
6）　筆者は新聞情報のクリッピングサービスを長く利用しており、キーワードに「公益法人」を登録しているが、記事情報で該当がない日はほとんどないと感じている。
7）　①2以上の都道府県の区域内に事務所を設置する法人、②公益目的事業等を2以上の都道府県の区域内において行う旨を定款で定める法人は内閣総理大臣、それ以外の法人はその事務所が所在する都道府県の知事が行政庁となる。
8）　一般社団法人及び一般財団法人に関する法律（平成18年法律第48号）第90条第2項。
9）　中村元彦・中村友理香・寺内正幸『目からウロコの公益法人100問100答〔改訂版〕制度・会計・税務』、税務経理協会、2015年、49頁。
10）　内閣府公益認定等委員会（2015b）前掲、45頁。
11）　内閣府公益認定等委員会「「法人との対話」について」、2014年。
12）　https://www.npo-homepage.go.jp/npoportal/　2016年8月10日
13）　株式譲渡制限のない公開会社に関するものである。

第8章

企業の公益性とは何か
―東芝不正会計事件の検証―

はじめに

　あらゆる企業活動は、相互に依存し合い、助け合いの性質を持つ公益的活動である。合法的企業目的、資本の調達、生産・サービス拠点の確保、雇用の継続、設備・原材料等の購入、消費者への商品・サービスの提供など、広く公（市場）と関わり、社会の経済活動の「1つの環」を担うからである。企業本来の公益性は、コンプライアンス（法令順守）、コーポレート・ガバナンス（企業統治）をしっかり保つことで蓄積され、社会的信頼を得る。この企業のあるべき公益性の姿を、日本を代表する名門企業とされた東芝の不正会計事件から照らし出してみる。

1.「不適正会計」から「不正会計」へ

　2015年4月に発覚した東芝の不正会計問題は、当初は単に不注意なミスに過ぎないのではないかとみられた。東芝自らが「不適正会計」という言葉を用いていたからである。マスメディアも報道に際し「不適正会計」の用語をしばらく使用していた。しかし調査が進むにつれ、その実態は歴代3社長らトップによる組織的な不正会計であることが発覚する。証券取引等監視委員会による3社長らの刑事告発は本稿執筆時点でまだなされていないが、告発され捜査のメスが入ることになれば、司法の場で「ガバナンスなき経営」の実態がさらに解明される見通しである。
　調査の進展と共に、あぶり出されてきた事件の特性が「ガバナンスの崩壊」

である。東京証券取引所が2015年9月、上場を維持しつつ管理体制の改善を促す「特設注意市場銘柄」に東芝株を指定したのも、なによりガバナンス体制に深刻な問題があるとみたからである。これをきっかけに、ガバナンス問題が時と共に浮き彫りにされていく。近年の不正会計に、粉飾決算が発覚し、米国史上最大の負債を残して経営破綻したエンロンや、巨額の損失隠しが暴かれたカネボウ、オリンパスなどの例がある。しかし東芝のケースは、これらと比べ特性が2つの点で際立つ。

　1つは、歴代3社長が「チャレンジ」を掛け声に各事業部門に対し、約7年にわたり強引に利益水増しに追い込んだことだ。関係部門の部下の幹部・社員や下請けの製造委託会社を巻き添えにし、トップダウンで不法な行為に手を染めさせていた。この3代にわたるトップ主導の利益水増し・粉飾会計は、過去に前例がない。2つめの特性は、不正会計処理が1つの特定赤字分野ではなく、ほぼ全事業分野に及んだ規模の大きさだ。

　東芝は内外で売上規模6.6兆円、従業員20万人（2015年3月期連結ベース）に上る世界的な巨大企業である。トップによる大きな決断の影響は世界規模に波及しうる。リーマン・ショックで急速に悪化した財務状況を背景に、トップ自らが利益かさ上げに走らせた結果であった。この特異な事件はしかし、単にトップ3代の暴走結果と片づけるわけにはいかない。のちにみるように、東芝の会計を担う経理部や、独立した経営監視役であるはずの社外取締役らの働かなかったチェック機能。加えて東芝の監査に当たってきた新日本監査法人の目こぼし——といった内外の「監視機能不全」も、ガバナンスを無効にした。

　仮に経営者が判断を一時的に大きく誤ったとしても、内外の監視機能が働いていれば、軌道修正することができる。しかし、東芝は経営者・幹部と監視機関双方に当然求められるガバナンス機能が欠けていたのである。その意味で、起こるべくして起こった巨大な不祥事と言える。

　東芝は1875（明治8）年創業の名門中の名門であり、白熱電灯の日本での最初の製造・販売に始まり、近くは世界初のノートパソコン、DVDプレーヤーの発売など画期的な商品を生み出してきた。この「世界の東芝」が、なぜ利益水増しの不正行為に走ったか——。

2. 業績の急悪化

　不正会計の影響から、東芝の経営は激しく揺らぐ。2016年5月に発表した同年3月期連結決算は、営業赤字が7,191億円と、金融機関を除く事業会社で過去最大となった。最終損益は4,832億円と同社の過去最悪の赤字。2期連続で赤字となった。発表内容をみると、不正会計の見直しにより損失が大幅に膨らんだほか、ドル箱のスマートフォン（スマホ）向けフラッシュメモリーの市況悪化、巨額のリストラ費用が響いた。

　財務内容は急速に悪化した。銀行などからの借金を除いた自己資本は激減し、自己資本比率はわずか5.8％へ急低下した。銀行の支援なしに資金繰りできず、収益を上げなければ、債務超過の危機が迫る。

　注目された米原子力事業子会社ウエスチングハウス（WH）の減損処理（稼ぐ力のなくなった資産の価値を減らす会計処理）については、複数の監査法人による財務調査の結果「連結ベースでは必要なし」と判断していたが、約2,600億円の損失計上に踏み切った。米司法省と証券取引委員会（SEC）はWHが減損を隠した疑いですでに調査に入っており、減損処理を迫られた。原発を含む「電力・社会インフラ部門」の赤字がとりわけ大きい。海外で注力した送変電システムや太陽光事業の採算も悪化し、損失が拡大した。

　不正会計事件後、東芝は虎の子の医療機器完全子会社「東芝メディカルシステムズ」の売却を余儀なくされる。さらに赤字続きの白物家電やパソコン事業の売却も迫られる。他方、2015年12月、内外で1万600人に及ぶ人員削減計画を発表した（その後1万4,000人超に拡大）。経営トップが起こした不祥事のしわ寄せが社員に及んだのだ。

　このように東芝の経営は火の車と化した。V字回復に向けた事業再構築（リストラ）の道は途方もなく険しい。なぜなら、有望な利益創出分野は一部に限られるからだ。中枢事業の1つとされた医療機器分野では、前出の東芝メディカルシステムズを競争入札で売りに出し、2016年3月、キヤノンに6,655億円で株式の100％を売却することが決まった。医療機器分野では国内最大級のM&A（合併・買収）となった。同社はCT（コンピューター断層撮影）装置で

国内シェアトップ、世界シェア 2 位の最先端技術を誇る。この想定以上の高値売却により 2016 年 3 月期の最終赤字は大きく改善された。とはいえ、売却によりその継続的な収益源は失われる。

さらに 2016 年 3 月、実質的に債務超過に陥った冷蔵庫や洗濯機などの白物家電事業を中国家電大手の美的集団に負債含め 537 億円で売却することで最終合意した。白物家電を手掛ける子会社「東芝ライフスタイル」の株式の約 80％を 6 月に美的集団に譲渡する。赤字のパソコン事業も、再建は覚束ず、売却の機会を探る。不採算事業の切り売りである。

原発分野も心もとない。2006 年に 54 億ドル（当時の為替レートで約 6,600 億円）で買収した米 WH について、東芝は情報開示を行わずに「事業は好調」と説明してきた。しかし、実際にはこれまでの累積赤字が約 2 億 9 千万ドル（約 330 億円）に上り、WH 単体で約 13 億 2,600 万ドル（約 1,500 億円）の減損処理を行っていたことが、2015 年 11 月に経済誌の調査報道から判明する。滑り出しは好調だったが、東京電力福島第一原発事故で状況は一変したのだ。その後、国内で 2015 年から原発再稼働が始まる一方、海外では WH 製原発建設の商談が実りだした。2030 年度までに新興国などで 45 基の受注を目指すが、原発ビジネスの行方は依然、不透明で確実性に欠ける。

もう 1 つの主力事業、半導体メモリーは、柱の NAND 型フラッシュメモリーが経営を支える。半導体のうち、アナログ半導体やシステム LSI（大規模集積回路）などの赤字事業は売却の方向。NAND は最大の収益源だが、スマホ向け需要の一巡から売価が低落し、苦戦状況だ。

東芝が 2016 年 5 月に発表した事業計画によると、2017 年 3 月期には営業利益が 1,200 億円、税引き後の純利益が 1,000 億円の黒字転換を見込む。主力事業を原発などエネルギーと社会インフラ（エレベーター、水処理、空調、防災システムなど）、半導体の 3 分野に絞り込み、不採算事業を切り捨て、従業員を大幅に減らして実現を目指す。

こうした苦境の中、将来性が見込まれる有望事業は 3 次元フラッシュメモリーだ。2016 年度から 3 年間に約 3,600 億円を投じる計画で、四日市工場を増設しライバルの韓国・サムスン電子に対抗する構え。しかし、自己資本不足からその巨額の設備投資資金を銀行に頼らざるを得ない。

再生を目指す東芝は、2016年6月にトップ交代に踏み切った。綱川智副社長の社長昇格を正式決定し、空席の会長職に志賀重範副社長が就任。室町社長は特別顧問に退いた。

以上が切羽詰まった東芝の状況である。このように信頼を失い、経営の大ピンチを招いた不正会計事件。その真因とは何だったのか――第3者委員会の調査報告を基に詳しく検証してみよう。

3. 利益水増しの巧妙な手口

東芝は2015年4月3日、会計処理に問題があったと公表し、事実関係を調べるため社外の公認会計士らを含む特別調査委員会を設置した。これは内部通報を得た証券取引等監視委員会（証取委）から同年2月にインフラ関連の工事進行基準案件で開示検査を受け、会計処理に疑義が浮かんだからだ。特別調査委の調査で、一部インフラ関連工事で工事原価総額が過小に見積もられ、工事損失が適時に計上しないケースが判明する。さらに、これ以外にも更なる調査を必要とする事案が浮上し、事実関係の究明に時間を要する見込みとなった。

これを受け、東芝は同年5月15日、調査結果の信頼性を高めるため、日本弁護士連合会のガイドラインに沿った、中立・公正な外部の専門家から構成する第3者委員会（委員長＝上田廣一・元東京高検検事長）を立ち上げる。委員の2人を含む弁護士20人、委員の2人を含む公認会計士79人の総勢99人が2カ月かけて調査を実施した。特別調査委から引き継いだ証拠資料に加え、東芝の役職員210人のヒアリングなども広く行った。

その調査報告書が同年7月20日に公表される。これにより、歴代3社長が部下にプレッシャーをかけ、2009年3月期から14年4〜12月期までに計1,562億円に上る利益水増しを行ったことが明らかになった。経営トップが主導する形で組織的関与があった、と認定したのである。

利益隠しの実態は、工事損失引当金計上の先送りからパソコン事業で繰り返された「バイセル（Buy-Sell）」と呼んだ手口に至るまで、あの手この手が使われた。「バイセル」とは、下請けの委託組立子会社に部品を高く売り、その分を上乗せした価格で完成品を買い取る。その際に買い取る時期を遅らせて、

利益を一時的にかさ上げする方法だ。

　佐々木則夫元社長（就任期間 09 年 6 月〜 13 年 6 月）は「チャレンジ」の掛け声でパソコン事業部門に「3 日間で 120 億円の利益改善」を要求して、追い込んだ。ちなみに佐々木は事件発覚前の 2013 年には経団連副会長の要職にあり、安倍首相が議長を務める経済財政諮問会議の民間議員に選ばれている。

　利益操作は、調査したほぼ全事業に及んだ。その後の調査で利益水増し総額は、2015 年 9 月にはさらに 2,248 億円に膨らむ。これはオリンパスの 1,300 億円余を大きく上回る過去最高額である。発表の翌 7 月、不正会計の責任を取り、田中久雄社長と歴代 3 社長を含む取締役 8 人が辞任した。不正会計に関与したとされる歴代 3 社長とは、田中社長と前任の佐々木副会長及び前々任の西田厚聰相談役である。ただし室町会長は不正会計に関わっていなかったとされ、社長を 9 月に開く臨時株主総会まで兼務することとなった。

　報告書には、歴代 3 社長が「社長月例」などの会議でカンパニー社長（東芝は各事業部門を独立させたカンパニー制をとっている）らに生々しく「チャレンジ」を迫った様子が描かれている。たとえば—

- 2012 年 9 月、映像カンパニー（テレビなど）の社長月例での佐々木社長発言—「…今回の改善チャレンジは、未達カンパニーがあると全社で予算未達になる。それなのに、自分たちの提出値を守りますというだけ。…全くダメ。やり直し。」
- 2013 年 8 月、田中社長。「第 2 四半期損益が第 1 四半期と同じ状況なら、弊職としては従来からの見解を変えて TV・PC（パソコン）・家電事業からの日本を含む全世界からの完全撤退を考えざるを得ません。これは決して脅かしではありません。」
- 2014 年 3 月、社長月例で田中社長。「TV はなんだ、この体たらく。…下期黒字にすると市場に約束している。黒字にできないのなら（TV 事業を）やめる。」
- 2014 年 6 月、田中社長。「映像は一体何をやっているのでしょうか？…2013 年度下期で黒字化を達成すると弊職が市場に約束をしていることを裏切り、黒字化のめどが立ったと断言したことも裏切ることになります。市場はもう何を言っても弊職の言質を信じないでしょう。これがいかに他の事業に悪影

響を及ぼすのか理解していますか？年間ベースでは赤字200億円を超すような事業は全面撤退しかありません。…現法の連中は全員解雇して全面撤退をするしかないでしょう。」

　幹部はこのような脅迫もどきのプレッシャーを、トップから受け続けたのである。

4. 迷走の真因

　第3者委員会の調査報告書によって、不正会計の具体的事実が暴かれた意義は大きい。関与した取締役8人が引責辞任し、経営陣が一新される。これで日本を代表する名門企業が再出発に踏み出すかに見えた。形骸化が指摘されたガバナンス体制を立て直し、構造改革が実現する期待が高まった。しかし、現実は2015年8月に、9月の臨時株主総会以降の続投が決まった室町社長体制の迷走が続く。

　室町正志は半導体部門出身。不正会計が行われた当時、副社長→顧問→会長（2014年6月～15年9月）の要職にあり、不正会計に関与していたのは疑いない、との声が市場関係者に高まっていた。ところが、第3者委員会は室町社長の関与を認定せずにお墨付きを与えた。結果、社長続投となり、事態の収拾を図るが中途半端にしかできない。

　このトップ体制が、経営の完全な刷新を妨げた、と見る向きは多い。しかも、室町が東芝の顧問に退いたあと、異例の会長就任に至った背景に、トップの佐々木社長（当時）を嫌った実力者の西田相談役の働きがあったことが判明する。西田－佐々木不仲説は、噂として流布されたものではない。公知の事実だった。2人は2013年2月の社長交代の記者会見の席上で言い争いをする醜態を演じている。

　西田の懇請を受け、東芝のトップOBで強い影響力を持つ西室泰三相談役・日本郵政社長（当時）が佐々木の社長退任後の東芝会長就任を阻止するため、穏健派の室町を会長に起用したのが、真相のようだ。西室はメディアに対し、次のような内情を明かしている。佐々木の社長就任から1年後の2010年当時、会長だった西田が西室に相談を持ちかけた。後継者選びに失敗したと。西室は

知恵を出した。「社内でやるとゴタゴタする。指名委員会をちゃんと活用すれば、やることは全部できる」(『週刊東洋経済』2015年9月26日号)。

東芝はそれまで「ガバナンスの優等生」と評価されていた。2003年に改正商法により導入されたばかりの委員会等設置会社(現在の指名委員会等設置会社)へ移行。社外取締役が過半数を占める「指名」「監査」「報酬」の3委員会を設置していた。経営トップの指名は、指名委員会でなされる仕組みである。

西室は、この指名委員会に佐々木を副会長、室町を会長に指名させる筋書きを演じさせたわけだ。そして、不正会計発覚後の田中社長辞任に伴う室町の社長兼任とその後の続投というトップ人事を計った。三菱ケミカルホールディングス会長の小林喜光をはじめ大物経営者ら7人を社外取締役に導き入れたのも、財界に顔が利く西室相談役の働きかけによるものだったとみられている。

西室は1996年〜2000年に東芝の社長、2005年まで会長を務めた。この間、社外取締役を活用するガバナンス体制が確立される。他方、西室は相談役に退いたあとも、隠然と力を振るい、トップ経営に関与した(2016年3月に相談役を退任)。

記者会見の場でも取り繕えないほど、西田と佐々木の対立は、なぜ決定的に深まったのか。その背景に「財界の総理」の椅子を巡る2人の権力抗争があったといわれる。

「財界総理」とされる経団連会長に、かつて東芝から石坂泰三、土光敏夫〈いずれも故人〉の2人が務めた。近年では不正に関与した「歴代3社長」を含む4代連続で、経団連副会長を務めている。西室の後を継いだ岡村正社長も会長を経て日本商工会議所会頭を務めた。東芝は戦後の財界を新日鉄と並んで担ってきた。2010年春当時、東芝会長で経団連副会長だった西田はこの「財界総理」の座に最も近づく。2010年5月まで経団連会長だった御手洗冨士夫の有力後継候補に浮上したのだ。しかし、そこには障害が横たわっていた。西田の先輩の岡村が務めていた日本商工会議所会頭を辞める必要があったからだ。岡村が会頭のままだと、財界3団体のトップ3人のうち2人を東芝が占めることとなり、財界から受け入れられないのは明らかだった。

ところが岡村は会頭を辞任せず、2013年11月まで務める。他方、西田の後継社長だった佐々木は13年1月に政府の経済財政諮問会議の民間議員となり、

のちに経団連副会長にも就任する。経団連会長の就任には社長・会長出身者が必須条件とされる。佐々木が経団連会長の座に就く機会が到来したのだ。しかし西田は東芝指名委員会の委員の立場から13年6月、佐々木を東芝の会長にではなく、副会長に指名する。結果、2人の対立は決定的となり、東芝の経営に深い影を落とした。このような歴代社長の「財界の総理」を巡る暗闘が東芝の舞台裏で繰り広げられ、これがガバナンスに亀裂をもたらしたのである。

だが、第3者委員会の調査報告は、この歴代トップの争いの影響に関してはひと言も言及していない。このような経緯から出来上がった室町体制は、歴代社長OBによる"談合の産物"と言ってよい。経営の第一線を退いた相談役が、社内のトップ体制を決めるという東芝の異常な長老支配の慣行が、新経営体制の生みの親だった。当然ながら、長老から任された室町社長の舵取りは翻弄される。室町体制の迷走ぶりは、再三にわたる決算の発表延期と情報の不開示、米原子力事業子会社ウエスチングハウス（WH）の「減損処理」隠し、わずか1カ月余りで大幅に下方修正した2016年3月期の業績見通しなどとなって表れる。

第3者委員会は、経営者の責任について単に「適切な会計処理に向けての意識または知識の欠如」と片づけた。表面的には、その通りだろうが、利益至上主義に走り、業績を粉飾した経営者のモラルについては深掘りしていない。長老が、ガバナンスの要諦となる社内の指名委員会を使ってトップ人事を工作した重大事実には触れていない。司令塔内の確執と不和が経営を歪め、内部統制を壊した事実に対しては見逃したか、目をつぶったのだ。

第3者委員会のもう1つの落ち度は、米WHの会計処理に全く触れなかったことだ。なぜ触れなかったのかといえば、東芝が調査の委託対象から外したからである。原子力発電システムは、東芝の主力事業分野の1つだが、これが調査対象外となり、全く調査されなかった（図表8-1）。ところが、東芝はWH単体での減損処理情報を隠蔽していた。東芝はこの"不都合な真実"が明るみに出るのを防ごうと、委託調査の対象から外したとしか考えられないが、不正会計の発覚から半年以上も経ってようやくこの隠していた真実を認めたのだった。不正会計事件の発覚に続き、室町体制の迷走が与えた社会的衝撃も甚大だった。東芝への信頼は失墜していった。

図表 8-1　東芝の事業概要（不正会計事件発覚時）

部門	主要製品
電力・社会インフラ	原子力発電システム、火力発電システム、水力発電システム、燃料電池、発電事業、太陽光発電システム、電力流通システム、計装制御システム、駅務自動化機器、交通機器、電動機、電波機器、官公庁システム等
コミュニティ・ソリューション	放送システム、道路機器システム、上下水道システム、環境システム、エレベーター、エスカレーター、LED 照明、照明器具、産業用照明部品、管球、業務用空調機器、コンプレッサー、POS システム、複合機等
ヘルスケア	X 線診断装置、CT 装置、MRI 装置、超音波診断装置、検体検査装置、放射線治療装置、医療画像ソリューション等
電子デバイス	小信号デバイス、光半導体、パワー半導体、ロジック LSI、イメージセンサ、アナログ IC、NAND 型フラッシュメモリ、ストレージデバイス等
ライフスタイル	テレビ、BD プレイヤー他録画再生機器、パソコン、タブレット、冷蔵庫、洗濯機、調理器具、クリーナー、家庭用エアコン等
その他	IT ソリューション、物流サービス等

出典：第 3 者委員会調査報告書。

5. ガバナンス体制はなぜ崩壊したか

　しかし腑に落ちないところがある。東芝はかつてガバナンスで「産業界の先端を行く」とみられていたからだ。東芝の誇ったコーポレート・ガバナンスは、なぜトップの暴走を許したのか—。東芝のガバナンス体制とは、そもそもどんなものであったかを第 3 者委員会の調査報告書などから見てみよう。
　東芝のガバナンス強化への取り組みは早かった。1998 年には執行役員制度、99 年に社内カンパニー制度を導入した。続いて 2000 年 6 月に任意の指名委員会（取締役候補を指名）、報酬委員会（取締役、執行役員らの報酬を決定）を設置。次いで 2001 年 6 月には社外取締役 3 人体制とし、取締役の任期も 1 年に短縮した。
　2003 年 6 月以降は商法改正により導入されたばかりの委員会等設置会社（現在は指名委員会等設置会社）制度を採用している。不正事件発覚当時、取締役 16 人中 8 人が執行役（事業部門の業務執行責任者）を兼務しない取締役で、

図表 8-2 コーポレート・ガバナンスの体制

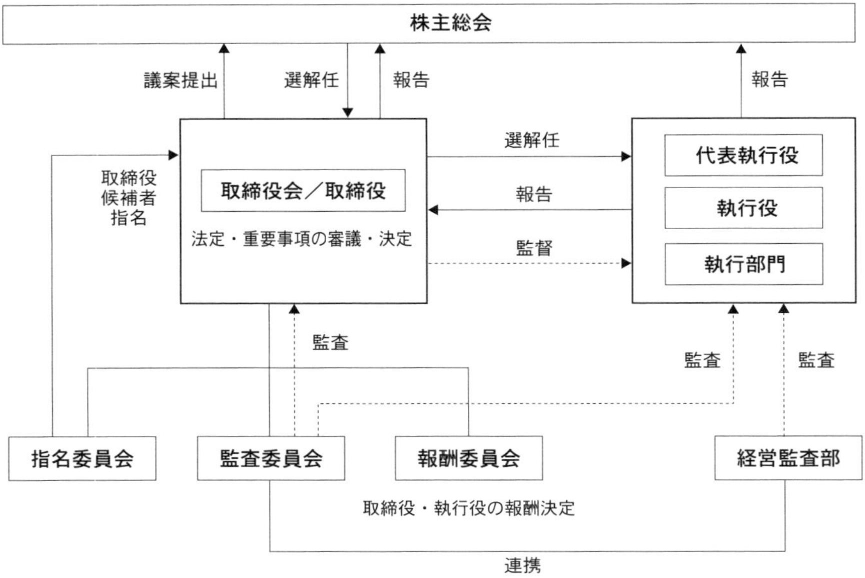

```
                              株主総会
        議案提出  選解任  報告                          報告
           ┌─────────────────┐  選解任  ┌──────────┐
           │  取締役会／取締役  │─────→│ 代表執行役 │
取締役     │                   │  報告   ├──────────┤
候補者──→ │  法定・重要事項の │←─────│  執行役   │
指名       │  審議・決定       │  監督   ├──────────┤
           └─────────────────┘╌╌╌╌╌→│ 執行部門  │
                                        └──────────┘
              監査              監査        監査
        ┌────────┬────────┬────────┐          ┌──────────┐
        │指名委員会│監査委員会│報酬委員会│          │ 経営監査部 │
        └────────┴────────┴────────┘          └──────────┘
                  取締役・執行役の報酬決定
                          連携
```

出典：第3者委員会調査報告書。

うち半数の4人を社外取締役が占めた（図表8-2）。

　指名委員会等設置会社として指名委員会は「社内から1人、社外2人」、監査委員会（取締役、執行役らの職務執行を監査）が「社内2人（常勤）、社外3人」、報酬委員会が「社内2人、社外3人」の取締役によって構成された。このうち指名委員会、報酬委員会の委員長は社外取締役が務めていた。通常の業務執行事項の決定は、企業価値や株主利益に著しい影響を及ぼす事項を除き取締役会から執行役に権限移譲されている。社長決定事項となる最重要事項以外は、カンパニー社長（各事業部門の長）がそれぞれ決定する仕組みだ。

　他方、取締役会の役割とはどのようなものか。取締役会規則によると、決定事項に経営の基本方針などと並んで行動基準、コーポレート・ガバナンスも含まれる。報告事項には「会社に著しい損害を及ぼす恐れのある事実で取締役会に報告することが適当と監査委員が認めた事項」とある。

　内部統制に関しては、すべての役員、従業員が共有する価値観と行動規範を

明確にした「東芝グループ行動基準」を制定している。この行動基準のうち「適正な会計」においては「会計情報を、一般に公正妥当と認められた会計原則に従って正確にかつ適時に会計処理を行います」とある。さらに「会計情報」を、「法令にのっとり正確にかつ迅速に開示します」としている。これほど立派な会計処理や情報開示の行動基準を制定しているのに、何ひとつ守られなかった。取締役会が内部統制機能やチェック機能を喪失し、すべての役員、従業員が共有するはずの行動基準も無視されていたことになる。

　本来、独立した監査機能を持つ監査委員会は、どういう仕事を担っているのか。東芝の内部統制報告制度によると、次のように規定されている。

　　「監査委員会は、定期的に執行役のヒアリングを行うとともに、経営監査部長から経営監査結果の報告を受ける。」

　さらに不正会計等に関し執行役からの報告が義務付けられている。「監査委員会は、（社内規定に基づき）重要な法令違反等について執行役から直ちに報告を受ける」、「執行役、従業員は定期的なヒアリング等を通じ、職務執行状況を監査委員会に報告する」。だが、この監査委員会が全然機能しなかった。本来、事業部から独立した立場で会計チェックするはずのコーポレート内の財務部も社内カンパニー内の経理部も機能しなかった。その上に、別途作られた独立チェック機能であるはずの監査委員会も、役立たなかったのだ。

　ところで上記の行動基準に出てくる「経営監査部長」とは、監査委員会と連携した社内の監査機能である。取締役会は、「経営監査部長から定期的に経営監査結果の報告を受ける」決まりとなっている。この経営監査部長もまた、職務をまるで果たしていなかったことになる。

　不正会計の見逃しには、外部の監査法人も加わる。金融庁は2015年12月、重大な注意義務違反があったとして新日本監査法人に対し新規契約を3カ月禁止する処分を決め、21億円に上る課徴金の納付を命じた。

　新日本は前身の会計事務所以来、60年以上にわたり東芝の監査に当たってきた。利益水増しのカラクリをことごとく見逃したのも、顧客の意向に添って動いた結果ではないか。

　東芝の利益水増しは、たしかに外部の会計監査によって発見することが容易でないと専門家も認めている。たとえば「工事進行基準」の不正計算。長期の

請負事業の場合、「請負金額100億円で4年で完成」の契約だとすると、1年目に総工事の25%が進んだのであれば、その時点で請負金額の100億円に進捗度25%を乗じた、25億円が収益に計上されるはず。

しかし、この工事の進捗度の計算は、それまでに費やした原価総額の見積もり次第で変わってくる。1年目の見積もりの誤りは2年目の進捗度計算で調整されるが、その2年目の過大に支出される見積もりを会社が隠して実態よりも大きい収益を計上できる。

東芝はこのように工作して利益を水増ししたわけだが、それでもなお東芝の不正会計期間のキャッシュ・フローを見れば、粉飾決算が読み取れたはず、と前川修満・公認会計士は指摘する。営業活動によるプラスの金額より投資・支出活動によるマイナスの金額の方が大きいからである。

監査法人の独立精神とプロ意識の欠如が、この見逃しを招いたと言うほかない。ここで二重三重に張られた内部統制の網が、なぜ、いとも簡単に破られたのかという疑問が浮かび上がる。

6. 上意下達の企業風土

第3者委員会の調査報告書に「社長月例」の会合が再三登場する。これが事件を引き起こす現場になる。この場でカンパニー社長らが叱責され、利益かさ上げに追い込まれたのだ。幹部らが身をすくめる思いで叱責を受けていたことは想像に難くない。「全員解雇」などという言葉を聞かされれば、切羽詰まってどんなことをしても防がなければならない、という気になっても不思議でない。会社が慣行のように続けた不法行為に手を染めても、「トップ公認」もしくは「トップ推奨」であればやむを得ない、と観念しかねない。

この上からのパワハラの強圧が、東芝の企業風土となっていたのである。そこには「上意下達」の意思決定を受け入れる幹部・従業員側の盲従性がある。こういう企業風土では、経営トップが道を誤れば下が道理を引っ込めて追従し、正規ルートから大きく逸脱する危険性が高まる。この企業風土の下、報告書は肝心のチェック役を担う経営監査部も監査委員会も「内部統制機能が働いていなかった」と結論した。しかし、真相は関係者すべてが職務怠慢だったり

不作為だったわけではない。

　報告書によると、2015 年 1 〜 4 月に監査委員会の委員の 1 人がパソコン事業の会計処理に疑問を抱き精査を再三要望したが、元同社最高財務責任者（CFO）の委員長が申し出を受け入れなかった。「いまごろ事を荒立てると決算に間に合わなくなって最悪の事態になる」などと言って対応しなかったという。

　「おかしい」と思う者は少数だが、実在したのである。このまともな少数意見が、組織の中から弾き出された。「組織の病気」がまともな個人の意見を排斥し、上の意向に従う―ここにガバナンスを壊して経営者の暴走を許してしまう最大の要因が潜んでいるのではないか。どんなに立派な器（ガバナンス体制）を作っても、経営者がこれを単なる"飾り物"に使えば、器はヒビ割れ、壊れるほかない。「仏作って魂入れず」の喩えどおり、東芝の作ったガバナンス体制には「魂」が入っていなかったのだ。

　東芝の先進的とされたガバナンス体制は、実力者の西室泰三が 2005 年 6 月に相談役に退くまでの社長・会長時代の 9 年間に構築され、進化していった。西室が「生みの親」と言ってよい。その西室自身が、前述したように後任の西田厚聰相談役からの要請を受け、社長退任後の佐々木則夫の処遇を工作する。当の「生みの親」が、子（ガバナンス体制）を権力抗争の道具として都合よく使ったのだ。ガバナンス体制はこの時、すでに形骸化していた。

　東芝の不正会計事件は、未然に防ぐことができた。経営者、幹部がそれぞれにおのれの職務に忠実であれば、そもそも不正会計に手を染めることは起こりえなかった。「職務に忠実」とは、モラルを持ち、自己を律することである。上司が命令しても、職務上のモラルに反すると考えるなら、反対か不服従もしくは別のまともな方策を提案する道があるはずだ。このモラルを最も強く保持すべきなのが、経営トップであることは言うまでもない。トップには、指導力が必要とされ、指導力には徳性が求められる。

7. 土光敏夫の経営哲学

　この観点から 1 人の先達が、偉大な経営者モデルとして浮かび上がる。土光

敏夫（1896〜1988年）である。

　土光は、経営再建した石川島播磨重工業（IHI）社長から東京芝浦電気（現・東芝）の再建を依頼され、社長・会長に就任。再建後、経団連会長を経て政府の第2次臨時行政調査会（土光臨調）の会長に就き、国鉄民営化をはじめ行政改革に尽力した。

　土光の経営哲学は「日本資本主義の父」と呼ばれた渋沢栄一の系譜を引く。渋沢は「論語」（道徳）と「算盤」（実利）の一致を経営哲学としていた。その著『論語と算盤』でこう書いている。「利殖と仁義の道とは一致するものである」「真正の利殖は仁義道徳に基づかなければ、決して永続するものではない」。渋沢はこういう名言も残している。「商売をする上で重要なのは、競争しながらでも道徳を守るということだ」。

　土光は質実剛健の硬骨漢と見られ、「信念の人」とか「清貧の人」とも言われた。NHKのTV報道「行革に挑む土光敏夫」で、家庭での食事時が映され、メザシを食べていたことで庶民から「メザシの土光さん」と呼ばれ親しまれた。石川島や東芝を再建した腕前は、その真っ直ぐで誠実な人間性に由来していることが分かる。

　土光語録によると、——
　「われわれのサラリーマン生活は、みようによれば、最初の十年が人に使われる立場、中の十年が人に使われながら人を使う立場、後の十年が人を使う立場、と移り変わってゆく。
　その間、立場の違いというものが、いかに人間の考え方や行動を束縛することか。…一応大過なく切り抜けて来れたといえる人は尊い。
　　そのような人が信奉してきた行動の基準は何であろうか。私はそれは『使われる立場にいるときには使う立場にも考えを及ぼし、使う立場にいるときは使われる立場を思いやる』ということではなかったかと思う」。
　権力意識を持つことを戒め、「権力」と「権威」との違いを強調した。
　「一つの組織体を一定の目標に向けて動かすためには、トップにある力が必要である。ある力はいろいろな現われかたをする。それは「権力」的な現われかたと「権威」的な現われかたに分けられる。
　　トップでもマネジャーでもそのポストからじかに生まれる力を持ってい

る。これが権力である。これに対して、権威はトップやマネジャーに必ず備わっているとはかぎらない。権威は内から自然に身につくものだからである。…企業の場でも、権力の殺人剣によらず、権威の活人剣によって、組織が生き生きと動いていくのが望ましい。権威が先行し権力がそれに従えば組織は強くなる。」

商売の機微にも鋭敏だった。

「入社試験のときに、多くの志願者に「あなたの家では何か東芝商品をおもちですか」と訊ねたところ、実に90％近くの人が何かしらもっていた。そこで考えた。不合格者だとて東芝製品の潜在愛用者なのだから、おろそかに扱っては罰が当たる。その人たちが、たとえ不合格になっても、東芝にいいイメージを持ち、固定ファンになってくれればありがたい。ということで、不合格者への通知にも、十分な神経を使い、心のこもった文章を綴った。不合格になった人たちも、けっして悪い気はしなかっただろう。」

おわりに

「なんというざまだ。情けない。土光さんや石坂（泰三）さんの墓前で土下座しろ！」。2015年9月30日に開かれた東芝の臨時株主総会で、2,000人近くも集まった株主の間からこういう怒声が上がった。「メザシの土光さん」とのあまりの違いに、その株主は思わず声を張り上げてしまったのだろう。

他方、歴代3社長は「チャレンジ」を掛け声に幹部らを不法行為に追い込んだことが判明している。ところが、このキーワードとなった「チャレンジ」を最初に使い、社員を指導したのは、土光敏夫であった。東芝元社長・会長の西室泰三によると、難しい課題に挑戦して結果を出せという趣旨で使い始め、これが引き継がれて東芝では普通に使われる言葉になったという。「チャレンジしろ」は、しかし、前出の歴代3社長に至って「利益水増しへの挑戦」の意味に変質する。ニセ札ならぬニセ言葉づくりである。東芝の文化をねじ曲げてしまったのだ。

東芝不正会計事件は、経営に大きな教訓を残した。第1に、会社がどんなにコーポレート・ガバナンスの立派な器を作ろうとも、経営トップがこれを無視

すれば無用の長物になることだ。単なる飾り物に過ぎなくなることだ。新しい皮袋には、良質の新しいワインが入らなければならない。「良質の新しいワイン」とは、「公利公益」を追求する経営哲学を持ち、開かれた心と国際感覚で対処する経営トップである。

教訓の第2は、幹部・社員の意識が「上に従う」軍隊型だと経営トップの暴走を許してしまうことだ。上意下達の一方通行の社風こそが、トップ暴走の温床となる。

教訓の第3は、構築したガバナンスの制度と運営に欠陥があったことである。そもそもガバナンスに本気で取り組んだのか疑われる。本気度の欠如は社外取締役の選任にも表れた。事件発覚当時、ガバナンスのチェック役の社外取締役は全部で4人いた。しかし、うち2人は専門外の外務省OBの元外交官であった。無難な人選と箔付けのため、元高級官僚を起用したのは明らかだった。

以上の経緯から、東芝の根本的な再建には先行していたガバナンス体制を骨抜きにした「経営主体」を入れ替えることから始めなければならない。同時に、「上からの命令」に盲従する「企業文化」も、改めていかなければならない。まずは立派な「経営主体」を得て、次にガバナンスの再構築に取りかかる手順が重要だ。この一連の再建プロセスを情報公開によって透明化する必要がある。東芝の信頼回復は、的を得た再建プロセスと、その不断の情報公開によって可能となる。

東芝は「メザシの土光さん」の経営哲学に立ち返り、再出発することが再生への最初の手掛かりとなろう。この原点から改革の車輪を転がしていく。その第1段階で、経営者・幹部・一般社員に対するあるべき経営像・企業像に関する教育・研修プログラムの継続的な実施が、企業再建に向けた欠かせない選択肢の1つとなろう。

(敬称略)

(北沢　栄)

主な参考文献
東芝　第三者委員会『調査報告書』2015年7月。

今沢真『東芝不正会計　底なしの闇』毎日新聞出版、2016年。
渋沢栄一『富と幸せを生む知恵』実業之日本社、2012年。
渋沢栄一『論語と算盤』ちくま新書、2008年。
『土光敏夫　信念の言葉』PHP研究所、2009年。
浜島典彦『清貧の人　土光敏夫』大法輪閣、2011年。
前川修満『会計士は見た！』文藝春秋、2015年。
『週刊エコノミスト』2015年7月21日号。
『週刊東洋経済』2015年9月26日号。
『日経ビジネス』2015年10月12日号。

第III部

公益の視角―企業経営と生活・福祉

第9章

福祉労働の現実とステークホルダー

はじめに

　「医療、福祉」は2000年代にポスト工業化の典型的な産業として急成長し、日本の雇用を支えてきた。この成長を促したのは少子高齢社会に対応する社会保障の転換であり、具体的には「社会福祉基礎構造改革」であった。この転換は、「医療、福祉」を成長させた反面、営利法人や社会福祉法人など社会福祉を担う事業所で多くの低賃金の女性労働者を生み出した。

　本章は低賃金、女性労働という格差につながる問題を典型的に示す介護労働を中心に、社会保障政策の転換とこの雇用状況の関係を公定価格とステークホルダーとの関連から明らかにする。それは、福祉サービスが基本的には人件費を含む公定価格で提供され、この価格の形成はサービス提供事業所の経営の維持とともに、サービス受給当事者、その家族、政府、自治体、国民、従業員などステークホルダーへの配慮のなかで決定されるからである。

1. 職種別賃金の階層化と社会福祉

　ポスト工業化産業は生産者サービス、社会サービス、対個人サービスからなり、ここでの仕事は高度の人的投資に支えられた「格付けの高い仕事」と従属的で定型的な「格付けの低い仕事」の混合である（Esping-Andersen, 1990）。社会サービスを提供する「医療、福祉」はポスト工業化産業の典型である。この産業の仕事は医師のような高度の人的投資に支えられた仕事とホームヘルパーのような定型的な仕事の混成であるからだ。

　「医療、福祉」は2000年を前後して日本の雇用を支える主要産業となった。

たとえば、2002（平成14）年、「医療、福祉」の雇用労働者はすでに440万人、全雇用者（5,331万人）の8.2％を占めていたが、2015（平成27）年には751万人、全雇用者（5,640万人）の13.3％にまで増大した（総務省統計局「労働力調査」各年）。この全雇用者に対する比率は「製造業」（全雇用者比率17.4％、以下同様）、「卸・小売業」（17.1％）に次いで第3位であった。

　この産業はポスト工業化社会における格差の問題を典型的に表している。ここでは低賃金、非正規で雇用される女性労働者が多いからである。実際、2015（平成27）年、「医療、福祉」の全雇用者に対する女性比率は77.0％であり、全産業における女性比率である43.9％を大幅に超えている。また、ここにおける非正規雇用者の割合は38.1％であり、全産業平均の37.5％より高い。さらに、現金給与総額は293,452円であり、全産業平均313,801円より低い。これは同様に女性比率、非正規比率の高い産業である「宿泊業、飲食サービス業」（126,673円、女性比率63.6％、非正規比率72.9％、以下同様）、「生活関連サービス業、娯楽業」（205,452円、59.4％、55.2％）、「そのほかのサービス業」（258,651円、40.5％、50％）、「卸・小売業」（267,524円、53.5％、48.9％）に次いで低い。（非正規雇用比率並びに女性比率は2015年の総務省「労働力調査」、現金給与総額については同年の厚生労働省「毎月勤統計調査」5人以上の事業所調査による）。

　ところで、「医療、福祉」の賃金は職種の専門性とこの養成の観点から7つの階層に整理できる（図表9-1）。階層0は、所定内給与が20万円前後の職種であり、勤続年数は5年から7年である。「看護補助者」（193,100円、勤続7.1年）、ホームヘルパー（207,300円、勤続5.6年）、福祉施設介護員（207,800円、5.7年）、保育士（209,800円、7.6年）がここに位置づく。階層1は、所定内賃金が20万円台前半の栄養士（220,100円、7.2年）、歯科衛生士（235,600円、5.7年）のグループであり、勤続年数はほぼ階層0と同じである。階層2は、所定内給与が25万円台のケアマネージャー（253,500円、8.0年）、准看護師（259,600円、10.5年）の職種からなり、勤続年数は8年から10年である。階層3は、所定内給与が20万円台後半であり、勤続年数が11年ほどの歯科技工士（282,300円、11.0年）、臨床検査技師（283,700円、10.7年）と勤続年数が短い理学・作業療法士（264,600円、4.8年）から構成される[1]。階層4は、所

第9章 福祉労働の現実とステークホルダー

図表 9-1 職業別賃金の階層化

階層	職種	所定内給与	勤続年数	最低学歴要件
階層6	医師	795,000	5.2年	大学6年の修了後、国家試験
階層5	薬剤師	346,500	7.0年	大学6年の修了後、国家試験
階層4	診療放射線技師	322,800	10.3年	専門3年、短大3年の修了後、国家試験
	看護師	295,600	7.7年	専門3年、短大3年の修了後、国家試験
階層3	臨床検査技師	283,700	10.7年	専門3年、短大3年の修了後、国家試験
	歯科技工士	282,300	11.0年	専門2から3年、短大2年の修了後、国家試験
	理学・作業療法士	264,600	4.8年	専門3年、短大3年の修了後、国家試験
階層2	准看護師	259,600	10.5年	衛生看護科（高校）3年、専門2年の修了後、准看護師試験
	ケアマネージャー	253,500	8.0年	なし、ただし学歴要件を求めない先行資格あり
階層1	歯科衛生士	235,600	5.7年	専門3年、短大3年の後国家試験
	栄養士	220,100	7.2年	専門2年、短大2年の修了
階層0	保育士	209,800	7.6年	専門2年、短大2年、国家試験のみもあり
	福祉施設介護員	207,800	5.7年	なし、ただし学歴要件を求めない資格あり
	ホームヘルパー	207,300	5.6年	なし、ただし学歴要件を求めない資格あり
	看護補助者	193,100	7.1年	なし

出典：賃金、勤続年数は総務省「平成26年賃金基本構造統計調査」より、最低学歴要件は各法律などから筆者作成。

定内給与が30万円前後で、勤続年数が7年から10年の看護師（295,600円、7.7年）、診療放射線技師（322,800円、10.3年）のグループであり、薬剤師（346,500円、7.0年）の階層5を経て階層6の医師に至る。

　これらの職種は専門能力が求められ、階層0の職種以外これを社会的に証明する資格を有する労働者のみが当該の仕事に就くことができる。これらの資格は業務独占資格である。これらは法律により職務範囲と職業能力要件が規定され、この養成のために学校あるいは専門学校における専門教育が求められる。賃金は階層ごとに学歴水準により異なるが、階層1から4では最低学歴要件はほぼ同じである。しかし、賃金に相違があるのは、階層が上がるにしたがい、大学での教育による資格取得者が多くなるからである[2]。とはいえ、階層1から4での最低学歴要件が2年から3年間の短期大学又は高卒以後の専門学校の教育の修了であるため、ここでの賃金は6年間の大学教育が求められる階層5以上の職種の賃金とは断絶している。

　社会福祉関係の職種はほとんど階層0に位置づく。当然これらの職種も専門

性が求められ、これらの専門能力を社会的に証明する資格はある。しかし、これらは保育士資格以外、業務独占資格ではない[3)]。しかも、階層0に位置づく社会福祉職種の資格は階層1以上と相違して学校教育と連動せず、一定の職業経験と比較的短時間の研修の修了により取得できる。たとえば、ホームヘルパーは専門的知識や経験がなくても就業でき、この状態をベースに専門的能力が段階的に養成される。具体的には、介護にかかわる資格は、介護職員初任者研修（旧ヘルパー2級、130時間の研修）から始まり介護職員実務者研修（450時間の研修）、介護福祉士（専門学校などの養成施設2年以上、福祉系の高校卒業後の国家試験、あるいは3年の実務経験後に450時間の実務者研修を修了後、国家試験）というキャリアパスが整備されている。専門的能力はこれに即して形成される。いずれにせよ看護補助者も含め階層0職種は基本的には学校教育と連動する専門的知識も専門的職業経験も必要とされないところから出発する。階層0の職種が低賃金にならざるを得ないのはこのためである。

このように、「医療、福祉」の賃金階層は誰でもアクセスできる階層0職種から始まるが、階層1以上の職種は業務独占資格であり、この賃金は当該職種に必要な資格の養成のために求められる学歴が上昇つまり養成期間が長期になるにしたがって上昇する。階層0から階層4までは命を預かり、生活を支えるという点で社会的役割が高いにもかかわらず、階層5、階層6の職種とは求められる学歴（専門能力）と賃金水準が断絶している。このことを典型的に示しているのが階層0の社会福祉関係の職種であった。問題は、求められる学歴（専門能力）が相違する理由であり、階層0職種が初職の段階では専門的知識や専門的職業経験が必要とされない理由である。本章は公的介護保険を中心にこの問題の本質を公定価格とこの設定にかかわるサービス提供事業所のステークホルダーとの関連から明らかにする。

2. 公的介護保険と準市場システム─介護報酬をめぐって

「社会福祉基礎構造改革」は1997（平成9）年に制定された介護保険法に基づく公的介護保険制度をきっかけに検討され始め、2000（平成12）年の公的介護保険の実施や社会福祉事業法の社会福祉法への改正に結実した。この改革

は社会福祉のあり方を「措置から契約へ」と大きく転換させた。具体的には、措置制度では福祉サービスは行政の策定する要件を満たした受給者に対して法令に基づく行政権限として提供された。これに対して、契約制度では行政の策定する要件を満たした受給者が利用者として事業者を選択し、これとの契約に基づいて福祉サービスを利用する。契約制度は、認定と財源の仕組みが異なるとはいえ、受給資格者が行政の基準に従って決定され、基本的には公的資金のもとで実施される点で措置制度と同様であるが、福祉サービスが市場原理を組み込んだ仕組みのなかで提供される点で措置制度と決定的に異なる。

　一般的には、企業または営利法人の経営の前提は労働能力や物的生産手段が市場で購入でき、貨幣で計算できる販売機会が存在するとともに、コスト計算が可能なように技術的、法律的諸条件が整備され、たとえば契約違反などによる損失などすべての市場行動が貨幣で計算できることである（M.Weber）。これにしたがえば、市場で有効となる需要は貨幣に裏付けられた需要（有効需要）であるため、社会福祉への市場原理の導入は公平性を損ない、社会保障の原理的問題を抱えることになる。社会保障とは政府が社会的リスクに陥った人すべてに必要なサービスを提供することであるからだ。当然、措置制度では貨幣の裏付けのない需要にも応え、公平性が保障されていたが、福祉に市場原理がそのまま導入されると、貨幣に裏付けられない福祉需要は有効ではなく、低所得者は不利とならざるを得ない。

　そこで、「社会福祉基礎構造改革」は準市場メカニズムを導入し、「公平性を損なうことなく、効率性を改善すること」を実現しようとした。準市場メカニズムのもとではサービスの生産は政府ではなく、市場競争のもとにある多様な民間事業者が行うが、財源は税や社会保険といった公的な資金で賄われることが基本となる。公共サービスの利用者はこの財源から購入権を与えられた購入者になり、自ら選択権を行使する一方で、多様な事業者は供給者として購入者をめぐり競争する。このなかでより少ない資源の投入により同じ質・量の財・サービスを提供することで効率性が改善される（駒村 1999）。言い換えれば、同量の資源でよりよい質、より多い量のサービスが提供される。

　この原理に基づき設計されたのが公的介護保険である。これは政府と地方公共団体、40歳以上の国民の保険料を財源として、政府が介護サービスのそれ

それに公定価格である介護報酬を決定する。一方、行政（市町村）は介護認定を行い、その介護度によって一か月の支給限度額が決定される。被介護者は基本的にはこの限度額の範囲内で福祉サービスの事業者と契約し、サービスを購入する。この仕組みでは、行政は財源にかかわり、公定価格を決定し、介護認定を行うが、措置制度のように行政権限による福祉サービスを提供しない。また、被介護者は利用者としてサービス購入者となり、サービスの選択権を有し、措置制度のように、行政権限によりサービス事業者を特定されない。契約制度ではたとえば施設介護の場合、社会福祉法人だけでなく、医療法人が、在宅介護の場合、さらにNPOや企業などの民間事業体が介護市場に参入し、これらが利用者の獲得をめざして競争する。この結果、「サービスの質の向上」や「サービスの利用者選択」そして経営の「効率性」が実現されるはずであった。

　このように、公的介護保険制度では、被介護者の負担は介護報酬によるが、これは原理的には所得にかかわりない「応益負担」であり、さらに、保険料を含めれば、低所得者は福祉サービスの利用上不利な立場に置かれる。だからこそ、低所得者に配慮して、段階的に定められた所得区分に基づいて保険料が設定され、介護報酬も自己負担が一割と抑制される。これらにより公平性はある程度確保されるが、質の向上や効率性には大きな問題が残される。介護においても効率性は物的生産手段の大規模調達にもよるが、介護が労働集約的な仕事であるため質の向上には質の高い労働力が求められる。ここにはこの調達にかかわる競争が生じるはずである。しかし、現実は、小規模事業者が多く、大規模調達が期待できない。また、労働者の賃金は介護報酬の範囲内で対応せざるを得ず、賃金は上昇する余地はない。これらのなかで効率性の実現は人件費の抑制に結果する。問題は、3年ごとに改訂される公定価格において人件費がどのように考えられ、位置づけられているのかにある。

3. ステークホルダーの利害の均衡

　介護サービスの質は基本的には十分な職業能力を備えた労働者を量的に確保することによる。市場競争のもとでは労働者の質的、量的確保も賃金と労働時間からなる労働条件をめぐる競争に基づく。しかし、介護労働市場は有効求人

倍率が高いにもかかわらず、介護労働者の賃金は上昇しない。それは、彼らの賃金が人件費として公定価格である介護報酬のなかに含まれ、その水準は介護報酬により制約されるからである。実際、公的介護保険が導入された当初も「今後は柔軟な人員配置と能力に応じた賃金体系」が必要であるが、「重要な点は、介護労働者の賃金は介護報酬に制約され、介護報酬が抑えられると介護労働者の賃金も抑えられることになるという点である」(駒村 1999) と危惧されていた。介護労働者不足への対応は「介護報酬全体の引き上げによる対応が本来の筋であり、これを恐れていては介護職員の処遇改善は進まないであろう」(稲森 2015) との指摘は当然である。問題は、介護報酬が上がらないあるいはそのもとで賃金の抑制が可能となる理由である。

　それは、公平性とサービスの質・量の確保の両立が財政を通じてステークホルダー間の利害対立を生じさせるからである。たとえば、量的、質的に労働者を確保するために賃金を上げれば、介護報酬は高く設定せざるを得ない。これと同時に公平性を確保するために自己負担割合と保険料を低く維持すると、介護報酬の上昇分は税金や保険料で賄われなければならない。この場合、低負担と高い質のサービスにより被介護者とその家族の満足は向上するが、政府、地方自治体からの支出が増加し、結局、国民の負担が増大する。そこで、後者のステークホルダー（政府、地方自治体）に配慮し、自己負担額を高くすると、低所得者の需要が抑制され、公平性が損なわれる。このように、保険財政の調達のあり方を通じてステークホルダーの間に利害対立が生じる。少子高齢化はこの利害対立を増幅させている。介護報酬はこの利害対立に配慮しながら、ステークホルダー間の納得が重なり合うように設定される。

　ところで、ステークホルダー・アプローチにおいて株式会社は「利害関係者が相互の価値を創造するための共同的かつ協働的な事業に従事するための手段」であり、利害関係者とは「企業の目的の達成に影響を及ぼすことができるか、もしくはそれによって影響をこうむる、集団もしくは個人として定義」される (Freeman, Harrison & Wicks 2007)。これにしたがえば、公的介護保険における営利法人を含む事業所はステークホルダーがよりよい介護を創造するために「介護の社会化」という共同的かつ協働的な事業に従事するための手段である。しかし、よりよい介護または「介護の社会化」や公平性とサービスの

質・量の確保への求める水準がステークホルダーにより相違する。介護報酬はこのステークホルダーの利害が重なり合う点で均衡化する。問題はこの均衡化の背後にあるステークホルダーの考え方である。現在の低賃金と量的、質的サービスと国民負担を担うそれぞれのステークホルダーの考え方が問われなければならない。

4. 介護労働の構造とジェンダー

上野千鶴子はヴェロニカ・ビーティによる周辺化されたパートタイム労働に関して「『低賃金労働だから女が就いている』のではなく、『女向き』に作られているから低賃金になる」との指摘を紹介した。このうえで、上野はケア労働が安いのは「『女の仕事』と考えられてきたから」「(上野 2011／13) と指摘する。ここでの問題は公的介護保険の制度の中でこれがどのように具体化されたのかである。

渋谷光美は、在宅介護労働が「対人格労働」であり、「人格の発達―生活の選択肢・幅が広がることにより、自立につながる―に向けた関わりとなる」(渋谷 2014) と位置づける。これにしたがえば、介護の仕事は対象者の生活の質 (QOL: Quality Of Life) を向上させる専門的な仕事である。渋谷が指摘する「生活の選択肢・幅が広がることにより自立につながる」とは、被介護者のケイパビリティ (潜在能力) が向上することにより生活の選択機会が広がることであるからだ。A. センは、QOL について「ただ単に彼／彼女たちが達成するものの問題にとどまらず、ひとがそこから選択する機会をもった可能性の問題である」(A.Sen 1985) とし、QOL を福祉の達成水準の問題ではなく、人々のケイパビリティの向上により様々な生活を送るための選択可能性を高めることであるとしているのである。

「医療、福祉」は人の命に直接かかわりながら、QOL を実現するための手段であるからこそ、社会的な役割が高く、専門的な能力が必要なのである。それにもかかわらず、前述したように、階層 0 を構成する社会福祉関係の職種は、出発点としては専門的能力のいらない、言い換えれば非専門的な仕事ととらえられている。しかも、そこから出発する専門的能力の形成を証明する資格も比

較的短時間の研修で獲得できるように設計されている。

　渋谷は、在宅介護労働の歴史的変遷を明らかにし、このなかで自治労が1990年代公務員ヘルパーの必要性を主張していたことを紹介している。その理由は、ヘルパーが第1に、家事援助や介護という技術面での世話だけでなく、生活問題全般についてその解決の責任を負っていること、第2に、困難・トラブルのあるケースも拒否せずに対応すること、第3に、他の関連職種とも連携し、住民のニーズや声を行政に直接反映できることなどである（渋谷 2014）。つまり、当時の在宅介護の仕事は「対人格労働」にまで高められていた。

　ところが、渋谷は、現在の公的介護保険制度のもとではホームヘルパーにはケアマネージャーの計画通りに効率的な援助を実施することが求められ、「労働の2極化による、分業的ハンドワークの担い手として、単純労働、細切れ的労働が強要され」たとした（渋谷 2014）。この指摘は、在宅介護の仕事について計画と執行が分離し、前者をケアマネージャーが、後者をホームヘルパーが担うことを意味する。したがって、渋谷のいう労働の2極化とは計画と執行の分離のもと家事援助や介護という技能面はホームヘルパーに、この執行にかかわる計画作成はケアマネージャーに分業化していくことである。ホームヘルパーは計画と執行の分離の構造のなかに組み込まれる。このなかで彼らの仕事は無償な家事労働の延長線上にあり、女性ならば誰でもできる非専門的で、単純な仕事とみなされる。

　介護にかかわる計画と執行が分離したとはいえ、問題の塊である現場を担うホームヘルパーの仕事が単純労働、細切れ労働で終わるはずがない。だからこそ、ホームヘルパーに専門性を付与することが必要となり、介護職員初任者研修、介護職員実務者研修、介護福祉士というキャリアパスが描かれた。ケアマネージャーはこのキャリアパスの最終地点としても位置づけられた。この場合、介護福祉士資格を取得し、その後実務経験5年がこの受験資格には必要となる。同様に階層1以上の資格を持っている労働者も実務経験5年を経て受験資格を得ることができる。この限りでは、ケアマネージャーの賃金が階層2に位置づけられるのは合理的なことなのである。

　いずれにせよ、ステークホルダーは、それぞれの考え方や受け入れ方に幅があるとはいえ、計画と執行の分離の構造に基づきホームヘルパーの仕事を家事

労働の延長線上とみなして「介護の社会化」を共同して創造し、あるいは事業所などに影響を与えている[4]。たとえば、在宅介護の場合、被介護者並びにその家族はケアマネージャーとホームヘルパーの仕事の両者から介護にかかわるサービスを受ける。彼らは計画、調整者としての前者の専門性を認めるが、そのもとにあるホームヘルパーについては家族介護と同様にみなす傾向がある。また、政府や地方自治体並びに国民は財源問題や負担軽減のため、低い介護報酬と賃金の介護を求めるゆえに、ホームヘルパーの仕事を家族介護と同様にみなしがちである。介護労働を担う従業員もまた非専門的なところから始めるため、自ら家族介護と同様にみなしてしまう傾向も否定しがたい。このようにして介護福祉士や認定介護福祉士（予定）としてその専門性を付与された資格が整備されたとしても、ステークホルダーによって介護労働が家事労働の延長線上で考えられる以上、その賃金は抑制されるのである。

おわりに

　介護労働の低賃金は計画と執行の分離という構造のなかに介護労働を家事労働の延長としてみなすジェンダー的考え方がステークホルダーによって組み込まれているためであった。社会福祉関係や看護関係の職種からなる階層０の賃金が低いのもこのためである。階層１から階層４にしたがって職業能力の専門性の程度が高くなり、これに対してステークホルダーは家事労働の延長線上としての見方を薄める。賃金は徐々にこれに応じて上昇する。
　ポスト工業化社会において計画にかかわる専門職や管理職が重要な役割を果たす産業は男性比率が高く、正規労働中心の高賃金が実現している一方、計画よりも執行が重視される産業は、女性比率が高く、非正規中心、低賃金となっている。これは、「医療、福祉」と同様に、合理化された経営構造のなかに家事労働の延長としての女性によるサービスという考え方が組み込まれているためである。雇用構造がジェンダー化しているのはそのためである。介護労働に限っていえば、ステークホルダー間に利害の相違や考え方の対立があるとはいえ、ステークホルダーが少なくともこれを家事労働の延長とする考え方から脱し、「対人格労働」に基づく専門性を社会福祉法人、企業や政府に働きかけて

いくことにより、これらの産業の職業能力や雇用状況のあり方が変わっていくことになるのである。

（安田尚道）

注
1) 理学・作業療法士は勤続年数が短く、理学・作業療法士の労働者数は30歳から34歳を過ぎると、極端に減少し、賃金も伸びない。日下隆一は、「専門職の完成度からすれば、理学・作業療法士は新生専門職の域を出ておらず」（日下 2013）、今後質の向上が望まれると主張することから、これは階層2と階層3の中間地点に位置づくが、最低学歴要件が階層3の他の職種と同様であるため、この階層に位置づけた。
2) たとえば、日下によると医療専門職の大学教育の比率は「検査技師およびX線技師（約70％）に対し看護師（約20％）、理学・作業療法士（約40％）は低位にある」（日下 2013）。看護師と理学・作業療法士は同様に大学教育の比率が低位にあるが、看護師が階層4に位置づくのは、前述したように、理学・作業療法士が新生専門職であり、勤続年数も短いのに対して看護師は専門職としてより完成度が高く、管理職体系も成立しているからである。しかし、この点はさらに検証が必要である。
　また、知識と経験に基づくが、業務独占資格ではない典型的な資格が社会福祉士である。社会福祉士の資格は実務経験4年（ただし、実務は児童福祉司などであり、事実上大卒が前提）または短大2年卒後相談実務2年が最低の学歴要件となる。基本的には社会福祉全般の相談業務が社会福祉士の職務であるが、これは業務独占資格ではない。しかし、たとえば、「地域包括支援センター」において社会福祉士が総合相談支援業務、権利擁護業務の担当者として配置義務が設けられたように、高度な能力が必要な職種については業務独占的な傾向が現われている。
3) 最近、待機児童問題から小規模保育施設などで規制緩和がなされ、保育士資格者が一定数いれば、同資格を有さない従業員が保育できるようになってきている。
4) 山根純佳は社会的構造とこの受容的解釈に基づく実践と批判的解釈に基づく実践からなるエージェンシーからケア労働に迫ろうとする（山根純佳 2010/11）。本稿では、ステークホルダーが受容的解釈と批判的解釈の中で揺れ、これが、公定価格やケアの質などの問題にどのように影響するのかを検討する。

参考文献
稲森公嘉「超高齢社会の日本における介護をめぐる法制度の現状と課題」『日本労働研究雑誌』No. 658、2015年5月。
上野千鶴子『ケアの社会学』太田書店、2011／13年。
日下隆一「理学・作業療法士の給与総額とその規程要因について」『佛教大学保健医療技術学部論集』第7号、2013年3月。
駒村康平「介護保険、社会福祉基礎構造改革と準市場原理」『季刊社会保障研究』第35巻第3号、1999年。
渋谷光美『家庭奉仕員・ホームヘルパーの現代史』生活書院、2014年。
山根純佳『なぜ女性はケア労働をするのか』勁草書房、2010／11年。
Esping-Andersen, *The Three Worlds of Welfare Capitalism*, Basil Blackwell Limited, 1990.（岡沢憲扶・宮本太郎訳『福祉資本主義の三つの世界』ミネルヴァ書房、2001/05年。）
Freeman, R.E./Harrison, J.S./ Wicks, A.C., *Managing For Stakeholders*, Yale University, 2007.（中村瑞穂代表訳『利害関係者志向の経営』白桃書房、2010年。）

Sen, Amartya, *Commodities and Capability*, Elsevier Publishers B.V., 1985.（鈴木興太郎訳『福祉の経済学』岩波書店、1988年。）

Weber, Max, *Soziologishe Grundkategorien des Wirtshaftens*.（尾高邦雄訳『世界の名著』中公バックス、1979年。）

第10章

風評被害と企業
―公益と私益の視点から―

はじめに

　今日、風評被害は組織や人、あるいは地域やまちに損失を引き起こす負の社会現象として注目される。風評被害とは、端的にいうならば、自らに問題はないにもかかわらず、利益損失や中傷を受けるといった負の損失を被ることである。この被害の対象は、事件や事故、自然災害などに関連する地域や商品、サービスなど多岐にわたる。

　殊に2000年前後に起きたBSE問題や食品表示偽装、改ざん、あいつぐ原子力事故後に、風評被害は、当事者問題にとどまらない複数の事業者を巻き込む社会現象として重要視されてきた。加えて、被害を受けるのは、主にモノやサービスを提供する企業など事業体であるが、東日本大震災後には、風評被害の概念が拡張し、福島県住民といった人までもが対象にされるようになった[1]。

　このように風評被害の社会現象が顕著となった2000年以降、風評被害とはいかなる社会現象なのか、その解明に挑む論考が複数発表されてきた[2]。これらの論考のうち、多くは社会現象としての風評被害を分析し、その構造を論じている。しかし、風評被害から多大な影響を受ける企業に焦点を当てた論考は少ない。風評被害における企業の実態を知ることは、被害に対する方策を検討するうえで重要である。

　そこで、本稿は、風評被害における企業など事業体に注目し、風評被害と企業について、様々な角度から考察する。そのうえで企業にある公益と私益の理念が風評被害の現象にどのように働き、風評被害対策と結びついていくかを論じる。

1. 風評被害と企業—これまでの視点

　風評被害における企業については、関谷直也の『風評被害』「第 8 章企業・金融・保険と風評被害」の中でも触れられている。関谷は、企業が被る風評被害は、中傷など悪いうわさが立つことから損失を受ける被害であると述べている。特に、悪いうわさが連鎖し、経営危機のない銀行までもがその影響を受ける現象は「取り付け騒ぎ」と呼ばれる。このような風評被害の契機となる、悪いうわさを流すこと、なかでも、有価証券の価格を変動させる目的で虚偽の情報を流すことは、金融商品取引法で禁止行為とされ、「風説の流布」と呼ばれる[3]。

　殊に現代は、インターネットの普及によって、このようなうわさの流布による風評が以前にも増して企業に損失を招くようになった。インターネットの検索サイトで「企業」「風評被害」のキーワードで検索すると、ネット上の誹謗中傷やクレーム対策を請け負うコンサルタント会社のサイトが多数ヒットする。うわさの流布による風評被害対策は一大ビジネスになっているのである。

　しかし、銀行の取り付け騒ぎや風説の流布による被害は、今日重大な社会現象としてとりあげられる風評被害とは異なる現象である。どのように違うかを提示するために、ここで現代の風評被害について、その定義を確認しておきたい。風評被害については、複数の論者がその構造について考察してきた。風評被害という言葉が 1990 年代頃から一般化したこともあって厳密な定義は確立していなかったからである。

　筆者は、関谷や鈴木浩三、堀洋元といった論者や、自身のそれまでの考察をふまえ[4]、公益叢書第二輯「現代の風評被害の構造—江戸時代との比較分析—」の中で「現代の風評被害とは、不安な社会状況下の、高度な科学技術に支えられた高度情報過多社会、高度流通社会、安全志向社会において、マスメディア報道から人々が抱く疑心暗鬼の、その多様な行動の連鎖を、科学的根拠にもとづく政治的判断から容易に断ち切ることができない場合に引き起こされる経済的被害であると捉えることができる。」と考察し、定義した。そして、高度な科学技術が進展した情報化社会が現代の風評被害を引き起こす背景にあると指

摘した。このように、現代の風評被害は、うわさによる風評被害ではなく、リスクをともなう事件や事故後に引き起こされる風評被害が対象に論じられているのである。

そこで本章は、現代の風評被害に晒される企業に焦点を当てるため、企業の風評被害について、ネット上のうわさの風評被害に加えて、リスクを伴う事件や事故後の風評被害の現象といった、企業に負の影響を及ぼす現代の風評被害をとりあげる。

2. 企業が受ける現代の風評被害

今日、企業の損失を招く風評被害は、前述のとおり、ひとつはネット上のうわさの流布によるものであり、もうひとつは事件や事故に関するマスメディア報道後の人々の疑心暗鬼の行動の連鎖によるものである。人から人へ伝わる口コミによるうわさの流布による風評被害もあるが、情報化や都市化の進展に伴い、地域のコミュニティ基盤は脆弱になり、口コミによるうわさの被害による影響は、ネット上の被害に比べて少ない。

ネット上のうわさの流布による風評被害の場合、Web 上の掲示板や SNS[5]の悪意ある中傷やささいな書き込みを契機に悪いうわさが流布する。この場合、中傷等を取り締まる法規制、あるいは倫理面の教育によって、うわさの発端となる行為を阻止することができる。

これに対し、後者の「報道後の人々の疑心暗鬼の行動の連鎖による」場合には、情報が一瞬にしかも広域にマスメディア報道によって広がるため、情報の受け手は事件や事故によって引き起こされるリスクの範囲を限定することができない。そのため、受け手が認識するリスク対象は関連するものであれば広範囲に拡大し、人々は可能な限りのリスク回避行動をとるため、風評被害はなかなか収束されない。したがって、事件や事故に関するマスメディア報道後に引き起こされる風評被害は、うわさの流布によって引き起こされる風評被害よりも、被害が複数の企業、事業体に及び、深刻な社会現象に発展するのである。

図表 10-1 は、心理学者スロビックが、リスクを伴う不運な事件や事故が起きたときに社会に与えるインパクトを表したものである[6]。この図は、事件や

事故の後にマスメディア報道から人々が受けた個々のイメージが、社会現象として膨らむプロセスを表している。個々の意識は、その事件の直接の被害者だけでなく、被害者の仲間や組織、関連する産業、更に関連する技術にまで向けられていく。その結果、関連産業や製品の売上の低下、厳しい規制強化、非買運動、投資家の回避行動などが引き起こされ、企業経営は厳しい状況に追い込まれる。たとえば、2004年に起きた京都市の食品の鳥インフルエンザ問題では、問題の養鶏農家とその周辺農家のみならず[7]、鶏卵の売上が西日本で2割減、東日本では1割減、そして鶏肉の売上は全国的に3割減少した[8]。

図表10-1 不運な事件・事故のインパクト

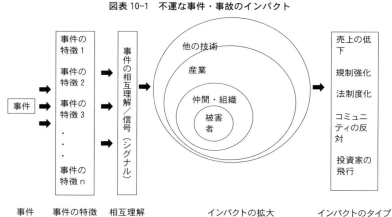

出典：Slovic, P.（1987）"Perception of risk", *Science*. Vol.236, Issue 4799, pp.280-285 をもとに筆者作成。

　このリスクを伴う事件や事故後の風評被害と、うわさの流布による風評被害とを比較し、その構造の違いをみてみよう。図表10-2に、2つの現象の情報プロセスのイメージを表した。うわさの流布による場合は、ネット上で被害を受けるのは、うわさの対象と関連業態であるが、事件や事故後の風評被害の場合には、マスメディア報道によって情報が瞬時に一斉に伝わり、被害対象は、関連の広域多様な対象に拡大する。

　加えて、この2種類の風評被害では、風評被害を受ける企業と問題との関連性が異なる。悪いうわさによる風評被害の場合には、被害を受けた企業に問題

図表 10-2　風評被害の情報伝達プロセスのイメージ

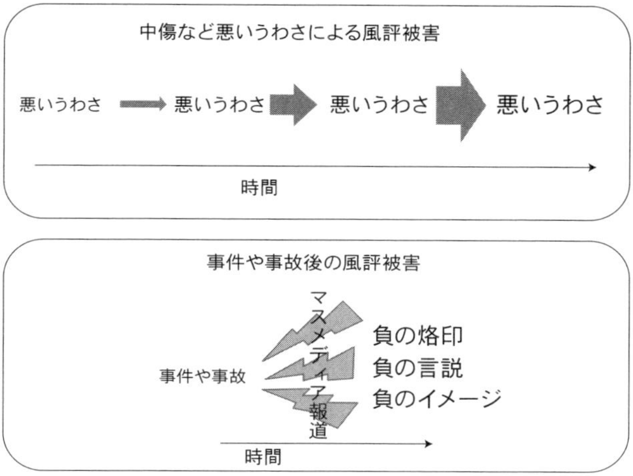

中傷など悪いうわさによる風評被害

悪いうわさ → 悪いうわさ → 悪いうわさ → 悪いうわさ

時間

事件や事故後の風評被害

事件や事故　マスメディア報道　負の烙印　負の言説　負のイメージ

時間

出典：筆者作成。

はないことが多い。まさに風評によって濡れ衣を着せられるのである。したがって、悪いうわさを流すことを対象に罰則規定を設ければ、風評被害を減少させることができる。他方、事件や事故後の風評被害の場合には、一見風評被害の被害者は、問題とは全く関係ないようであるが、実際のところ、問題と全く関係ないとはいえない不確実な状況にある場合が多い。殊に現代の風評被害は、科学的に安全であることを証明しなければ、人々の疑心暗鬼を断ち切ることができないにもかかわらず、それが不可能な場合もある。たとえば、鳥インフルエンザ発生時やBSE問題、原子力事故後の食品の放射能汚染などについては、安全性を管理する国や自治体は、即座に汚染の範囲を明確に規定して安全かどうかを明示することはできなかった。汚染の程度は測定しなければ分からないし、事件や事故をあらかじめ予測していない場合には、科学的根拠を示すデータがないこともある。このような科学的に不確実で安全性が証明されない状況においては、テレビや新聞による繰り返しの問題に関する報道は、人々の不安をいっそう煽り、風評被害を拡大させてしまうのである。

　したがって、うわさの伝播によって引き起こされる現象よりも、事件や事故後のマスメディア報道により瞬時に情報がゆきわたる現象のほうが社会に与え

るインパクトは大きく、また、問題との関係性の有無が不確実であるケースが多いため、容易に解決することができない重大な社会現象に発展するのである[9]。

3. 企業の風評被害の実態

　ここで、企業が受ける風評被害について概観する。図表10-3は、風評被害の事例を年代別に列挙している。これらの事例は風評被害の代表的な事例であって、これまで起きた風評被害すべてを網羅しているわけではない。現象の欄には、うわさの流布の場合は「うわさ」と、リスクを伴う事件や事故の場合は「事件事故」と記載している。また、「事件事故」は、地震などの自然災害も含む。

　図表10-3から、風評被害は、1990年代以降リスクを伴う事件事故による事例が顕著であることがわかる。1990年以前は、カネミ油症事件や辛子蓮根集団食中毒事件、敦賀原発放射能漏洩事故など人々の記憶に残る重大な事件事故は10年に1回の頻度で起きている。その内容は、1990年以降の事件事故の内容と大きくは違わない。これらの事件事故の事例については、食品安全問題や原子力事故によるものが多く、食品業界や観光業者が風評被害の対象とされる。

　他方、うわさによる風評被害の事例は、1973年に起きた豊川信用金庫事件と2003年に起きた佐賀銀行取り付け騒ぎの金融機関が被った損失事例があげられる。いずれも多額の預貯金が引き出されている。豊川信用金庫事件は、女子高生のたわいもない雑談がきっかけとなり、豊川信用金庫が倒産するというデマが瞬く間に広まった。1970年代はまだインターネットが普及する以前であり、地域コミュニティの基盤が、人を介したコミュニケーションを促進し、風評が人づてに瞬く間に流布した。豊川信用金庫が地元に密着した金融機関であったために重大な被害に及んだのである。対照的に、現代社会、特に大都市では、地域コミュニティの結束が薄れ、人を介したうわさの流布の現象は少なくなっている。

図表 10-3　風評被害の事例

年代	現象	事例	被害内容
1960年代	事件事故	カネミ油症事件 [10]	消費者のライスオイル（米ぬか油）に対する偏見と買い控えによる業界の売上減少
1970年代	うわさ	豊川信用金庫事件 [11]	女子高生の雑談をきっかけとして、倒産するというデマが広がり、約20億円の預貯金が引き出された
1980年代	事件事故	辛子蓮根集団食中毒事件 [12]	別の辛子蓮根製造業者も休業・廃業に追い込まれた
	事件事故	敦賀原発放射能漏洩事故 [13]	敦賀湾の水産物の市場価格の下落や消費者の買い控えによる売上減少
1990年代	事件事故	カイワレ大根O157集団感染 [14]	カイワレ農家の破産
	事件事故	ナホトカ号重油流出事故 [15]	海産物業者の売上減少及び日本海沿岸周辺地域の観光客の減少
	事件事故	所沢ダイオキシン問題 [16]	所沢市産ほうれん草等の野菜の価格が暴落
	事件事故	東海村JCO臨界事故 [17]	茨城産の納豆の売上減少
2000年代	事件事故	BSE問題 [18]	国内の食肉業者、焼肉店の売上減少、倒産
	うわさ	佐賀銀行取り付け騒ぎ [19]	倒産のチェーンメールから約500億円引き出された
	事件事故	SARS報道 [20]	小豆島の観光客の減少、アジア全域の観光客の減少
	事件事故	鳥インフルエンザ [21]	鶏肉、鶏卵の売上減少
	事件事故	韓国産キムチ寄生虫事件 [22]	日本国内産のキムチの売上減少
2010年代	事件事故	宮崎県口蹄疫の発生 [23]	宮崎ナンバーということで宮崎県内の運送業者が県外の積荷の受け取りを拒否される
	事件事故	東京電力福島第一原子力発電所事故 [24]	安全管理されている福島産の農作物の売上減少

出典：筆者作成。

4. 風評被害に対する企業の対応

　このような風評被害に対して、企業はどのように対処してきたのであろうか。企業には第1に利益をあげ事業の存続維持をはかるという目的がある。他方、企業活動には、組織内外からの信頼を構築するために、地域社会や国際社会に貢献し、公共の利益をはかるという目的もある。筆者は、前者を企業や事

業体の「私益」、後者を「公益」という概念をあてて、企業や事業体の風評被害への対応について考察する。

(1) 公益と私益

ここで使う公益、私益という言葉は、組織における概念として用いている。辞書でこれらの言葉をひくと次のとおりである。

公益は、「公共の利益。対義語は私益。」とある。他方、私益は、「自分1人の、個人的な利益。対義語は公益。」とある。

この用法からは、私益は個人の利益を指し、公益は公的な利益を指す。この私益と公益の用法からの論考として、小坂の北海道二風谷ダム建設の論争を分析した『第三セクターと公益事業：公益と私益のはざま』[25]がある。この中で使われる公益は、公共という言葉と同義であり、大勢の人々の公共の利益の意味でつかわれる。他方、私益は、ダム建設予定地に住む住民それぞれの個人の利益を指している。

しかし、このように「私益」を個人の利益のみにつかうのは狭義の用法であって、「私益」の広義の用法には、個人の利益の他に組織自身の利益も含まれる。小笠原英司は、企業の公共性を語るうえで対照的に企業の私益についても論じている[26]。したがって、本章は、「私益」を企業など組織をも対象とした言葉として用いる。

更に、本章は、現代公益学会の論考として、公益と公共の違いについても留意する。小松は、公益と公共の違いをつぎのように述べている。

「公益は、原則として民間の活動・事業なので、まず足下の特定の集落から、特定の地域から、限られた対象から公益のサービスが実施・実行されるのが普通であった。他方、公共は、公のため、公を介しみんなのためのものである。この点で公益とほぼ同義で使われたが、戦後になると、主に官・行政の介在するものを言い、市民・民間による市民・民間のためだけのものは、公共とは言わないのが一般的である。」[27]

即ち、公益は市民・民間によるみんなのための利益であり、公共は官・行政を介在することによるみんなのための利益であるといえよう。本章は、この用法に基づき公益と公共の意味を使い分け、風評被害に対する企業の対応や態度

を、企業や事業体の中にある公益と私益の観点から論じる。

(2) 私益の観点からの対応

第1に、私益の観点からの企業の対応について述べる。風評被害に遭遇した企業がとる対処のひとつに損害賠償訴訟がある。損害賠償訴訟は、事件や事故を起こした組織や誤情報を流した組織を相手にとられる行為である。判決は、風評被害と事件事故の原因との因果性が争点となる。因果性が認められれば勝訴になるし、認められなければ敗訴になる。

日本において、風評被害で被害者に対して初めて補償が行われたのは、敦賀原発の放射能漏れ事故である。この事故後に、敦賀湾に水揚げされた魚介類の市場価格の下落や消費者の買い控えが、地元の漁業者に経済的損失を招いた。日本原子力発電は、敦賀市事故補償額調停委員会において、民事賠償として合計1億9,254万円を漁業者に支払ったという[28]。この場合、対象は、敦賀湾産の魚介類に限定され、金沢県産といった拡大圏は対象とされない一定限度が条件とされた。

東海村JCO臨界事故では、地元の納豆業者が風評被害による損害賠償訴訟をJCOに対して起こし、限定的範囲を条件として損害賠償が認められている。この限定的範囲とは、事故現場から10キロメートル圏内の屋内退避要請地域にある本社工場を「生産者」と表示した納豆製品に限定するというものである。

このように、風評被害に対する損害が認められている事例は出てきてはいるが、多くの訴訟は、その事故や事件と風評被害の因果性が認められずに敗訴に終わることが多い。勝訴となった前述の2つの事例についても、風評被害の範囲が限定されており、東海村JCO臨界事故の場合には、10キロメートル圏内の屋内退避要請地域にある本社工場生産のものに限定され、危険区域と指定されている場所での生産に限定されていることから、危険を懸念されて当然である商品が対象にされている。即ち、損害賠償が認められるのは、風評被害といっても、直接的に被害を受けていると認識できる場合に限定されるのである。

したがって、損害賠償訴訟は風評被害による損失を補填する企業の差し迫った必至の対応であるが、問題との関連性が低い場合には勝訴に持ち込むのは難

しい。風評被害は、本来、問題との関連性が低い、あるいは全く関係ない場合の経済的損失を意味するが、問題との関係性が低くなればなるほど、訴訟に勝つ見込みは低くなる。かえって一層の損失を招くことに終止してしまう恐れがあるのである。

(3) 公益の観点からの対応

前述の私益の観点からの企業の風評被害に対する対応は、損失を補填するための対処である。次に、公益の観点からの企業の対応をみる。企業の公益活動の典型例は企業の社会的責任活動（以下、CSR活動）であるだろう。CSR活動は、一見、風評被害と関係ないようであるが、風評被害を軽減するためには重要である。なぜなら、CSR活動は、消費者や取引先など対外的な関係を強固にすることができるからである。

たとえば、京都市の鳥インフルエンザ発症時に、京都市にあって売上が増加した養鶏農家があった。この養鶏農家は、日頃から衛生に万全の対策を施していたのに加えて、情報開示にも努め、更に施設を公開し見学会を開催するなど、地元住民や一般消費者との交流をはかっていた。そのため、消費者からの信頼を醸成することができ、地元住民や京都市近郊の離れた地域の住民であってもわざわざこの養鶏農家に卵を買いに来ることもあった。日常のコミュニケーションの場を設けるというCSR活動が消費者からの信頼を得て、風評被害を払拭したのである。即ち、信頼は、対外的な人々との関係を強固にし、風評被害対策の鍵となる。

このような対外的な人々との信頼構築は、CSR活動の他に、企業の日頃のマーケティング活動からも可能である。マーケティング活動というと、一般に売れるための販促活動という意味が強いが、この場合には、顧客から信用を得るマーケティング活動、即ちスローマーケティングのことを指す。スローマーケティングでは、商品やサービスは企業にとってあくまでもツールであると捉えられ、販促だけでなく、販売に至る前段階の情報公開や、販売時点や販売後の顧客との接点が大切にされる[29]。生産過程を公開し、品質や安全性に真摯にむきあっていることをウェブサイトやSNSをつかって情報提供するなど、事業の透明性を図ることで、企業は対外的な信頼を得ることができるからであ

る。加えて、販売後も、不良品や顧客から満足が得られないものの返品、故障やトラブルの対応の整備は、企業の対外的な信頼構築には不可欠である。

このような日常のスローマーケティングやCSR活動を実施することによって風評被害を軽減することができるだろう。風評被害による損失は、日常のCSR活動やスローマーケティングのあり方、即ち企業の公益に対する姿勢を鏡のように映しだすものであるともいえるのである。

おわりに──私益から公益の理念へ

現代は高度な情報化社会である。インターネットの普及とともに、社会のあらゆる仕組みが情報通信基盤に支えられ、現在も人工知能やロボットの普及など情報化による社会のインテリジェンス化がすすむ過程にある。このような高度情報化社会にあって、企業は、他者の問題であっても、問題と関連付けられて経済的な被害にあうようになった。このような被害を受けない、あるいは被害を軽減するためには、被害に対する受け身の姿勢では真の風評被害払拭にはつながらない。

前述のとおり、風評被害対策には、対外的な信頼構築が重要となる。企業が、損害賠償訴訟によって損失を挽回しようとしても、対外的な信頼を得ることはできない。私益の観点からの対応だけでは、風評被害対策として不十分であるといえよう。日常の企業活動において、消費者、取引先、地域社会の理解と協力を得る公益の観点からの取組姿勢が風評被害対策には効果的である。即ち、企業の私益の理念を超えた公益の理念から、風評被害に向き合うことが重要である。

加えて、現代の風評被害を引き起こすリスクをともなう事件や事故発生後には、公益の活動を基盤として、対外的な人々への安全宣言、その根拠となる情報を様々な媒体に積極的に発信することが重要である。

このような情報発信の他に、消費者や流通先と直接交流をもつこともまた、信頼を勝ち得る一助になるだろう。リスク問題が発生したときには、重大な事件や事故ほど、マスメディア報道は繰り返し長期に行われる。その報道に勝る情報戦略が風評被害払拭には必要になるからである。宣伝に安全性の取組みを

訴えることも一案であるだろうし、消費者との交流会を開くなど、企業の安全性に関する取組みを、誰もがうかがい知ることができる透明性をもった方法で対策を講じることも一案となるだろう。

　企業は、被害を受けたことをただアピールするのではなく、問題に対して積極的な安全宣言を行うこと、日常の対外的な信頼構築を図るコミュニケーションや地域サービスを充実させるなど、高度情報化社会におけるリスク対策の情報戦略が、風評被害払拭には重要である。また、マスメディアは、事件や事故を大々的に報じるだけでなく、このような企業の公益活動を後押しする報道も行うべきだろう。

（上野伸子）

注
1) 関谷直也『風評被害：そのメカニズムを考える』光文社、2011 年を参照。福島から避難する人々に対して、放射能汚染されていると非難中傷があったという報道があげられている。
2) 上野伸子「現代の風評被害の構造—江戸時代との比較分析—」現代公益学会編『公益叢書第二輯　東日本大震災後の公益学と労働組合』文眞堂、2014 年を参照。風評被害がこれまでのように論じられてきたかについてレビューされている。
3) 関谷、2011 年、前掲書の第 8 章に、風説の流布、取り付け騒ぎの具体的な事例が紹介されている。
4) 堀洋元「メディアは事故をどのように報道したか：風評被害をキーワードに」、岡本浩一・今野裕之編『リスク・マネジメントの心理学、事故・事件から学ぶ』新曜社、2003 年、67-90 頁。
　上野伸子「食品の風評被害と軽減対策」『技術と経済』457、2005 年、70-74 頁。
　上野伸子　「欧州の食品リスクコミュニケーションの動向」『技術と経済』473、2006 年、70-72 頁。
　上野伸子「食品の風評被害とマスメディアの役割」『月刊民法』2006 年 7 月号、2006 年。
　上野伸子「風評被害のメカニズム〜不測の事態にどう対応するか」『宣伝会議』713 号、2007 年、20-23 頁。
　関谷、2011 年、前掲書。
　鈴木浩三『江戸の風評被害』筑摩書房、2013 年。
5) Social Network Service の略。交友関係を構築する Web サービスのひとつ。誰でも参加できる一般的な掲示板やフォーラムとは異なり、すでに加入している人からの紹介で参加できる。
6) Slovic, P.（1987.）"Perception of risk," *Science*. Vol.236, Issue 4799, pp.280-285.
　Kasperson, R.E., O., Slovic, P., Brown, H.S., Emel, J.X. & Ratic, S. "The social amplification of risk: A conceptual framework," *Risk Analysis*, 8. 1988, pp.177-187.
7) 特に問題発生産地の鶏肉鶏卵の売上高は大幅に減少した。例えば京都では、問題発生後 1 週間で鶏肉の売上は 35％の減少となった。売上減少の直接的要因として、消費者の不買行動に加えて、鶏肉鶏卵メニュー学校給食や病院食で一定期間中止されたこと、レストランでメニュー削除されたことがあげられる。
8) 上野、2014 年、前掲論文、80-82 を参照。

9） 上野、2014 年、前掲論文、72-90 頁参照。
10） カネミ油症は、昭和 43 年 10 月に、西日本を中心に、広域にわたって発生した、ライスオイル（米ぬか油）による食中毒事件である。http://www.mhlw.go.jp/stf/seisakunitsuite/bunya/kenkou_iryou/shokuhin/kenkoukiki/kanemi/ 2016 年 4 月時点。
11） 1973 年 12 月に、愛知県宝飯郡小坂井町（現・豊川市）を中心に「豊川信用金庫が倒産する」といううわさから取り付け騒ぎが発生し、短期間に約 20 億円もの預貯金が引き出された。
12） 1984 年 6 月 14 日から 6 月 28 日にわたって発生した熊本県三香株式会社製造の真空パック辛子蓮根に起因するボツリヌス中毒。9 月 26 日厚生省集計で、13 都県市にまたがり、患者 31 名、死者 9 名に達する大事件となった。http://idsc.nih.go.jp/iasr/CD-ROM/records/05/05702.htm 2016 年 4 月時点。
13） 1981 年 4 月 18 日に、敦賀原子力発電所 1 号機内の一般排水路から放射性物質漏えい事故が発生した。
14） 1996 年 7 月に、大阪府堺市の学校給食で集団食中毒が発生し、原因はカイワレ大根に付着していた病原性大腸菌 O157 であった。
15） 1997 年 1 月 2 日未明、大しけの日本海（島根県隠岐島沖）において、暖房用 C 重油約 19,000 kl を積んで上海からペトロパブロフスクへ航行中のロシア船籍タンカー「ナホトカ」号（建造後 26 年経過）に破断事故が発生し、重油が日本海に流出した。http://www.erc.pref.fukui.jp/news/oil.html 2016 年 4 月時点。
16） 1999 年に、テレビ朝日のニュースステーションにて、所沢市の葉物からダイオキシンが検出されたと大々的に報道したことを発端に、所沢市のほうれん草など葉物野菜の売上が激減した。その後 JA が検査結果を公表し、安全宣言を行った。
17） 株式会社ジェー・シー・オー（JCO）の東海村ウラン加工工場における臨界事故は、3 人の作業員が重篤な放射線被ばくを受け 1 人が亡くなられるなど、我が国原子力平和利用史上前例のないような事故であった。http://www.aec.go.jp/jicst/NC/tyoki/siryo/siryo05/siryo52.htm 2016 年 4 月時点。
18） BSE は牛の病気の 1 つで、「BSE プリオン」と呼ばれる病原体が、主に脳に蓄積し、脳の組織がスポンジ状になり、異常行動、運動失調などを示し、死亡すると考えられている。この病気が牛の間で広まったのは、BSE 感染牛を原料とした肉骨粉を飼料として使ったことが原因と考えられている。また、1996 年に、英国で変異型クロイツフェルト・ヤコブ病（vCJD）患者が初めて確認された。vCJD は BSE との関連性が示唆されている。我が国では、これまでに vCJD 患者が 1 人確認されているが、英国滞在時に感染した可能性が有力と考えられている。www.fsc.go.jp/sonota/bse_iinchodanwa_200731.pdf 2014 年 4 月時点。
19） 2003 年 12 月に「佐賀銀行がつぶれるそうです」というチェーンメールが発生し、預貯金の約 500 億円が引き出された。
20） 2003 年 5 月に、台湾で SARS 治療にたずさわっていた 26 歳の台湾人医師が観光目的で訪日し、近畿地方を観光後、帰国してから SARS を発症していたことが明らかとなり、厚生労働省がその全旅程と立ち寄り先を発表、それらの施設において消毒が行われた。
21） 2005 年 2 月に、京都府丹波町の養鶏場で発生した事例。
22） 2005 年 10 月に、韓国国内において中国産の輸入キムチから寄生虫の卵が検出された。
23） 2010 年 4 月に、10 年ぶりに口蹄疫の発生が宮崎県で確認された。発生農場は 292 農場、発生自治体数は 11 市町、家畜への被害は牛 69,454 頭、豚 227,949 頭、その他（山羊、羊、イノシシ、水牛等）405 頭となり、甚大な被害が出た。また、本病を封じ込めるため、県外からの応援獣医師延べ 2 万 5 千人、自衛隊員 1 万 9 千人、機動隊等警察関係者 2 万 3 千人が派遣された。宮崎県での経済的損失は、県の試算によると、5 年間で 2,350 億円となり、畜産業だけでなく、地域経済全体に大きな影響が及ぶものとなっている。www.maff.go.jp/j/wpaper/w_maff/h22/pdf/z_1_1_5.pdf

2016 年 4 月時点。
24) 2011 年 3 月に起きた東日本大震災の地震動と津波の被害を受け、東京電力福島第一原子力発電所が炉心溶融など一連の放射性物質を放出した。
25) 小坂直人『第三セクターと公益事業：公益と私益のはざま』日本経済評論社、1999 年。
26) 小笠原英司「組織と公共性—事業経営の私益性，共益性，公益性—」経営論集、46 巻第 2 号 1999 年 1 月。
27) 小松隆二「東日本大震災後の公益と公共、そして公益学—『公益の日常化』と『公益法人の市民化』に向けて」公益研究センター編『公益叢書第一輯　東日本大震災後の公益法人・NPO・公益学』文眞堂、2013 年。
28) 関谷、2011 年、前掲書、57-59 頁参照。
29) 平久保仲人『「信用」を武器に変えるマーケティング戦略』PHP 研究所、2013 年。

第 11 章

地域包括ケアにおける日本のプライマリケア
―英国の GP との比較を中心に―

はじめに

　地域包括ケアがようやく本格的に日本の各市町村で進められつつある。住まいを前提として保健・医療・福祉の 3 本柱により「住み慣れた地域で、在宅で 24 時間安心して暮らせる仕組みづくり」を目指す地域包括ケアにおいてとりわけ重要なのが医療である。なぜなら、日本の高齢者はとりわけ医療への依存度が高く、依存する意識も強いこと、地域包括ケアにおいては多職種の連携は不可欠だが、医療・介護の専門職間にパターナリズム（家父長制）ともいわれる医師を頂点とするヒエラルキーの意識が根強いためである。

　にもかかわらず、地域包括ケアを支える地域の医療、在宅医療を含めたプライマリケアが日本の場合、先進国に比べ大きく立ち遅れた。それは日本の医療制度が「いつでも」「誰でも」「どこ（どの病院、診療所）にでも」しかも比較的軽い負担で医療を受けられるという主要国にはまず見られないフリーアクセスの医療が逆に足かせとなり、世界の主要国が進めたプライマリケアへの改革を進めてこなかったためである。日本は、プライマリケアの取り組みが 30 年以上も遅れたといわれる[1]。

　プライマリケアの確立は、今後半世紀にわたって加速する高齢社会に対応するためにも、持続可能な社会保障制度の確立のためにも避けて通れない、と考える。なぜプライマリケアの取り組みがそこまで立ち遅れてきたのか。その理由をこれまでの日本の医療制度の経緯、英国を中心としたヨーロッパの主要先進国との比較により、明らかにする。それにより、さしあたって 2025 年に向けて進めている地域包括ケアの中で、その柱の 1 つとなるプライマリケアを定

着させるための方策も見い出したい。

　本論に入る前に、プライマリケアとその関連する制度、用語について整理しておきたい。プライマリケアとは「身近にあって、何でも相談に乗ってくれる総合的な医療」である[2]。

　アメリカ、日本を除きプライマリケアのシステムを導入してきたヨーロッパの先進諸国は病気やケガの程度により受け入れる医療機関が異なり、次のように役割を分担している。1次医療は、主として地域の診療所が身近な病気やケガを診る。プライマリケアを意味する。プライマリケアを担う専門医は国際的には「家庭医」と呼ばれる。2次医療は専門的治療や入院を伴う病気やケガを診る。地域の急性期を中心とした病院が担う。3次医療は2次医療ではカバーしきれない高度先進医療を担う。主に大学病院や地域中核病院がその役割を担当する。

　先進国では病気やケガの程度により、担当する医療機関が明確に分かれているのに対し、日本はプライマリケアが立ち遅れ、こうした役割分担も長らくあいまいだった。後述するように2003年以降「在宅と予防」を柱とした医療制度改革により、こうした役割が明確にされつつある。

　これまでの日本の医療制度を中心とした社会保障制度の歩みを振り返ったうえで、英国のGP（General Practitiner）と呼ばれる家庭医制度が果たしている役割を明らかにし、地域包括ケアを進めていく上で日本のプライマリケアの確立のための条件を探りたい。

1. なぜ日本のプライマリケアは立ち遅れたのか

　各国医療制度をみると、それぞれの国の社会的、文化的、経済的さらに政治的要因が重なり、長年にわたり築き上げられてきた結果、それぞれの国特有の制度が出来上がったものである。その比較から日本の医療制度の特徴をみてみる。

　日本の医療制度の基本は自由開業医制度である。それは18世紀の中頃すでに形成されていた。明治期になり、西洋医学が取り入れられたが、漢方医もそのまま認める過渡的措置も取ることで江戸時代からの開業医制度の基本は崩さ

れず事実上維持された。その結果、大学病院はともかく開業医からそのまま病院になることも可能だった。そうした経緯から日本の病院の大部分が開業医から出発することとなった。それが当初から公的な病院でほとんど占められていたヨーロッパと日本との大きな違いである[3]。

　病院の大部分が開業医から出発したという経緯が、診療所から大病院までの断絶がなく、連続しているためにそれぞれの機能が境目なくあいまいなものとなった。「開業医は自分の専門以外の患者もみることになるので専門医と一般医の区別はなかった」という池上らの指摘[4]は重要である。後述するようにヨーロッパは病院と診療所の成り立ちが分かれており、医師の役割分担が明確だったために、一般医が主に担うプライマリケアが自然と確立されていったのではないか、と考えられる。江戸時代から始まった自由開業医制は第二次大戦中の国家による医療統制でも、戦後の占領軍による改革でも変わらず連綿と今日に至るまで引き継がれた。

　戦後の医療政策決定の中で、開業医が大きな比重を占める日本医師会が極めて大きな影響力を発揮し続けてきたのは、自由開業制の下で日本の開業医の力が数的にも医療の分野の中で占める役割もヨーロッパ諸国に比べ大きいことによる。その結果として日本の医療はヨーロッパの医療と比較すると次のような特徴を持つにいたった。

　第1に医療提供体制の違いである。その違いの1つは病院の経営主体の相違である。日本は病院の8割、病床数の7割が民間（多くは医療法人）が占めるのに対し、ヨーロッパは公的性格の強い病院（公立及びキリスト教立）が育ってきた。そもそも日本には病院という施設の伝統はなかった[5]。ヨーロッパは財源も医療の提供者も「公」であるのに対し、日本の場合、財源は公的保険だが、医療の提供者は「民」が主体となってきた。

　2つ目の違いは病院と診療所の違いである。欧米は病院が生成、発展した結果、病院の規模は大きい一方で診療所は無床診療所がほとんどであるのに対し、日本は大学病院などは別として、民間の診療所が規模を拡大し、大きな病院となったものが多い。

　3つ目の違いは日本の場合、フリーアクセスが基本なのに対し、欧米ではそうではない。とくにイギリスはGPがゲートキーパーとなり、専門病院に行く

かどうかを振り分ける。ドイツやフランス、オランダ、北欧諸国もゲートキーパー役の家庭医がおり、振り分ける役割を果たすが、日本の場合は紹介状がなくとも大病院にいくことができる。

4つ目の大きな違いは、医療財政の仕組みとして社会保険方式が採用されていることである。ドイツ、フランスとその点では同様だが、イギリスや北欧は税を財源とする税方式を採用し、国が医療を提供している。

2. 国民皆保険後の医療制度改革はどうなったか

日本の医療制度は明治の中期から一部の大企業や国鉄を中心に組織化された共済制度が徐々に普及、大企業だけでなく中小企業従業員にも健康保険適用が広がり、さらに昭和からの戦前、第二次大戦中にかけて地域を単位とする国民健康保険組合が全国に徐々に普及、戦後高度経済成長が始まって間もない1961年に国民皆保険制度の達成につながったのである。

そうした経緯に基づいて作られた職域(被用者)保険と地域保険(国民健康保険)という2本立ての保険による皆保険制度が日本の医療を特徴づけた。日本の国民皆保険制度は、同じ社会保険方式を採用しながら一部民間保険を採用するドイツやフランスと比べても国民のすべてをカバーし、安心して比較的低負担で、しかもフリーアクセスにより医療を受けられる。しかし、国民皆保険、フリーアクセス、出来高払い制(先進国のほとんどは定額払いが主流)という日本の医療制度の特徴はいずれも医療費を引き上げる要因となってきた。フリーアクセスは社会的入院や平均在院日数の長さももたらした。それは高齢化が加速するとともに顕著になってきた。

(1) 老人医療費の無料化と制度改革の立ち遅れ

1970年以降、医療制度の最大の節目は1973年の老人医療費の無料化だった。老人医療費が無料化された1973年は公的年金の大幅な引き上げと高額療養費制度の導入といった制度も導入され、国民の多くはそれを歓迎し「福祉元年」とも呼ばれた。しかし、それを機に医療給付費は大幅な増加を続けた。1973年に3兆9,000億円だった国民医療費は翌74年に対前年比36.2%、さら

に75年には対前年比20.4％もの伸びを示した。無料化は高齢者による病院のサロン化やいくつものハシゴ受診現象も起き、医療機関の側にも必要以上に薬を出し検査をし、長期入院させるといった「乱診乱療」も引き起こした。

老人医療費の無料化は、日本の診療報酬体系の大きな特徴である出来高払い制と結びつき、爆発的な給付増をもたらした。それだけではない。日本人にとっての終末期の迎え方も変えた。自宅で最期を迎える。戦前から戦後の一時期まで日本人の多くにとってそれが当たり前の終末期の迎え方だったのが、この時期を境に病院での死が自宅での死を上回り、以来ほぼ一貫して病院での死が増え続け全体の8割を占めるようになった。

なぜか。それは高齢者にとっては費用の心配もなく病院の受診、入院ができるようになったこと、開業医にとってみれば高齢者の外来が増え、往診がしなくても、外来だけで十分な収入が得られることとなったからである。さらに本来であれば入院する必要はないのに、病院に入院するという社会的入院が1980年代まで増え続け、それが平均在院日数を増やす結果も招いた。病院（主に療養型病床群）が、介護施設の受け皿となったのである[6]。

この時期に欧米諸国は医療の密度を高め在院日数の短縮、病床の集約化を図ると同時にプライマリケアの整備を進め、「家庭医」制度を定着させた。一方、日本は老人医療費の無料化から30年後の2003年に医療制度改革大綱により、ようやく「在宅と予防」を柱とした医療制度改革が始まった。その30年を故・今井澄・元諏訪中央病院院長は「失われた30年」と断じた[7]。

(2) 日本医師会は「家庭医」になぜ反対したのか

日本でプライマリケアについての議論がなかったわけではない。1956年7月に国民皆保険などの基本対策を検討する「医療保障委員会」（長沼弘毅座長）が旧厚生省に立ち上げられ、最終答申で家庭医の必要性を提示したが、その後、家庭医についての議論は長らく深まることがなかった。1957年に日本医師会長に後になって「天皇」といわれた武見太郎が就任、1981年までの13期26年間にもわたり、会長を務め、「開業医」の利益を守る立場から強力な政治力を発揮し続けた。家庭医の議論が深まらなかったのは、強力な政治力を発揮し続けた日本医師会の意向が反映したと思われる[8]。

それから30年近くたった1985年に旧厚生省は「家庭医に関する懇談会」を立ち上げた。2年間にわたって議論がされたものの、終始一貫して日本医師会が強硬に反対して、家庭医議論は深められなかった。日本医師会が反対した主な理由は、英国のGPのような制度が導入されれば、専門医と家庭医を分断させる。さらに英国など家庭医制度をとる国々で実施されている人頭払いの診療報酬導入が意図されているのではないか、というものだった[9]。武見会長の後を受けた村瀬敏郎会長（当時）も副会長の時代から厚生省の家庭医構想に反対、あえて「かかりつけ医」という言葉を使った[10]。

　日本の医学部教育は専門医の養成である。2004年度からようやく新研修制度が導入され、医学部教育を受けた後、専門以外の複数の科を回る臨床研修制度が導入されたが、家庭医養成のための専門教育はない。英国やオランダ、ドイツ、フランスなど家庭医制度を持つヨーロッパの主要国は、必要な内科や外科と同じく家庭医という総合医を養成し、家庭医として専門資格のハードルを設け、資格を取得した医師のみが家庭医になれる。

　日本の場合は外科や内科などの専門医として教育を受けた医師が、家庭医の専門的な教育を受けずに開業医として地域の治療にあたる。かつて町医者も地域の治療にあたっていたが、依然と比べ医療も進み、高齢化により高齢者の患者も増えるにつれ、それについての専門的知識、治療ができる能力が求められる。

　総合医としての家庭医は患者の生活全体を診て、治療し、場合によっては専門医に振り分ける判断も必要となる。

　欧米のような家庭医が導入された場合、日本の開業医がその役割を果たす場合には、家庭医という専門医の養成だけでなく、開業医も家庭医としての研修を経た専門教育が必要となる。老人医療費無料化は、在宅医療や往診をしなくても外来だけで十分な収入を開業医にもたらした。その「護送船団方式」の中で開業医をしてきた医師にとって、家庭医のような新たな仕組みの導入による差別化は認めるわけにはいかない。それが日本医師会が徹底して反対した理由と思われる。

（3） 医療制度及び介護保険制度改革から地域包括ケアへ

　その後も日本の医療制度改革は大きく立ち遅れた。1990年代から2000年初めにかけ医療費は年平均4％、老人医療費は同7～8％伸び続けた。高齢化による医療費の増大に加え、医療制度改革の遅れのためである。バブルがはじけて以降の長引いた不況で勤め人の収入は頭打ちとなり、勤め人の収入にリンクする医療保険料収入も横ばいを続けたために、医療保険財政は1990年代の後半から危機的な状況に陥った。世界に冠たるはずの日本の医療保険制度がこのままでは維持できないとする危機感を持った当時の政府与党（自民、社会、さきがけの自社さ連立政権）協議会は「21世紀の国民医療」と題した4本柱（診療報酬、薬価、医療提供体制、高齢者医療）についての医療制度改革の報告書をまとめたが、医療制度改革は2003年度までほとんど進まなかった。それは日本医師会の抵抗と与党自民党内の「族議員」と呼ばれる議員たちの政治力によるものだった[11]。

　本格的な医療制度改革が始まったのは、小泉純一郎内閣の下で2003年度「在宅と予防」を柱とした医療制度改革大綱の決定である。それを受けて2006年度医療制度改革関連法が成立、かつて老人病院と呼ばれた療養病床の削減により、社会的入院をなくす。その受け皿として、在宅医療を強化し、在宅で看取りまでできる仕組みを作ることに大きな狙いがあった。さらに同年、厚生労働省は2000年から始まった介護保険制度を「介護予防」を柱とした抜本改正に踏み切った。2006年は医療と介護の改革により「病院で死ぬ」時代に終止符を打ち、在宅（住み慣れた地域での在宅に近い施設も含む）で安心してケアを受けられる体制をつくる、つまり地域包括ケアをスタートさせた年でもあった。

　それまでの老人保健制度に代わり、2008年度から始まった後期高齢者医療制度の大きな狙いは、急性期以外はできるだけ医療的ケアを減らし、高齢者の生活機能を重視した在宅ケアを介護と医療の両面からみていこうという点にある。

　おそまきながら、この時点でようやく「予防」と「在宅化」を柱とした地域包括ケアへの軌道が敷かれたのである。さらに2015年度からは市町村で地域包括ケアの計画づくりと具体化が本格的に始まった。しかし、それを軌道に乗

せるための課題はいくつかある。

その1つが、プライマリケアの確立である。要介護や医療依存度が高くなる高齢者になっても住み慣れた地域で、在宅で安心して暮らせる地域包括ケアを支えるためには、日本の医療制度を見直し、プライマリケアを確立することがますます必要となってきている。

3. 英国のGP制度から何を学ぶか

(1) GPの成立およびNHSの危機とブレア改革

英国のGPは内科医や外科医などと同様、家庭医という専門医としての教育、処遇を受けているが、もともとそうだったわけではない。19世紀には英国で、専門的な教育を受けていなくとも地域で働く医師のすべてがGPと呼ばれるようになった。内科医や外科医などの専門医ではなく専門医とは異なる一般医という位置づけだった。ところが、次第にその位置づけが変わっていった。健康について主導権を取るのは医師ではなく患者であるという考え方が強まり、患者中心の医療に次第に転換していった[12]。

第二次大戦中の1942年にベヴァリッジ報告が出され、第二次大戦後「揺りかごから墓場まで」といわれた福祉国家のレールを敷いた。そうした積み重ねを経て、英国の国民保健医療サービス（National Health Service ＝ NHS）は英国に居住するあらゆる者に原則無料で、予防からリハビリまで包括的な保健医療サービスを提供する制度で、1946年NHS法により成立、1948年から始まった。その4年後に世界で最も早く家庭医学会が設立され、1965年に家庭医の専門医試験制度が始まり、家庭医専門研修プログラムが作られ、本格的に専門医としての家庭医の養成がなされるようになり、1976年にはこの研修が必修化された。さらに2001年には研修医の国際認定制度をスタート、2007年には家庭医の専門試験制度を設立、これに合格しなければ英国のGPとして診療活動をできないようにした[13]。

このNHSの基本理念は保守、労働党の2大政党制の下で繰り返された政権交代にあっても制度は維持されてきたが、サッチャー政権下で、長い待機時間、とくにGPから専門病院に紹介されてもなかなか治療を受けられないとい

うアクセスの悪さが顕在化し、国民からの厳しい批判が出て、NHSの危機といわれた。非効率、悪平等、画一的という批判である。

日本でも英国の医療についてはサッチャー時代からの医療費抑制政策でNHSが行き詰っているとして、批判的ないしは学ぶものはないかのような指摘も相次いだ[14]。しかし、政権が労働党ブレア政権に移るとブレア首相（当時）は「医療と教育の改革」を最優先に掲げ、NHSの予算を大幅に増やし英国の医療は大きく改善した[15]。

待機時間の長さ、財源不足や医療者のモラルの欠如等により適切な医療が受けられない不満に対しブレアはNHS予算の増額に踏み切った。1997年に労働党政権が始まって以来、NHS予算を倍増させた[16]。

さらに医療機関の選択を拡大した。中でも2012年にはGPを選べるようにしたことである。GPは1948年に制度が始まって以来、居住地によって決まっていたが、GPの質によって当たりはずれが決まる、との批判が強かったために登録住所にこだわらず選べるようにした。人頭払い方式が中心だったGPの診療報酬についてもサービスの質と量に関わりなく支払われるのはモチベーションが上がらないとの批判から、そのサービス量と成果（例えば血圧が改善した等の健康レベルの改善）によって評価する方式も導入した。こうした一連の改革によって、大きな危機に直面していたNHSは改善し、国民の満足度も高まったという[17]。

(2) 英国のGPの役割—リーズ市の日本人医師の取り組み

家庭医療は日本語ではfamily practiceと表記されるが、英国ではgeneral practiceと呼ばれる。家庭医療について日本ではさまざまな概念、解釈がなされている。専門的な教育をうけない「かかりつけ医」が「かかりつけ医こそが総合医」と日本医師会は従来主張してきた。英国で家庭医療を担う医師は幅広い知識を持ち、さらに医学部卒業後に家庭医療専門医過程を修了したプライマリ・ケアの専門医を指す[18]。地域中核病院や大学病院などに近年、総合診療科を設ける病院も増えてきたが、それを担う医師のほとんどは内科全般の疾患を診る総合内科医である。総合医は家庭医療を担う開業医という場合と病院の総合診療科を担う内科医とが混在して使われている。

もう1つ、大きな疾患を抱えた疾患を抱える患者にまず最初に提供されるプライマリ・ケア（一次医療）を担うのは、国際的には診療所医師だが、役割分担があいまいな日本では地域の診療所だけでなく中小病院や大学病院までが担う。

　英国全体のGPは約3万5,000人、1人のGPあたり1,500～2,000人の患者を受け持つ。日本の開業医のように英国も1人診療所と見られがちだが、そんなところはほとんどなく、多くはサージェリーと呼ばれるGP診療所に複数の医師が勤務する。全国でこのサージェリーは約8,000ある。

　筆者はその1つ、リーズ市（人口約40万人）にある「Stuart Road Surgery」を2015年8月末に訪れた。市中心部からややはずれの静かな住宅街の一角にある。ここを訪れたのは、3万5,000人いるGPの中で唯一の日本人医師・澤憲明医師が勤務しているためである。澤医師は富山県出身、1980年生まれの36歳。高校卒業後英国に留学、高校に入り直し大学受験資格を取得、40倍のEU枠を突破し、医学部へ。卒業後、3年前にGPに。40倍という激甚な競争率のEU枠（外国人枠）に合格して大学医学部に、2012年に英国家庭医学会正会員専門医資格（MRCGP）を取得、GPに。

　澤医師は「Stuart Road Surgery」での仕事、GPの役割と課題、日英の医療制度の比較に至るまで、きわめて明快に次のような説明をしてくれた。「Stuart Road Surgery」はリーズ市に40あるSurgeryの1つ。約8,500人の患者を抱える。GPは澤医師を含めて5人、ナース（正看、准看）が計5人、事務約10人、理学療法士、ヘルストレーナー、保健師、助産師が各1人、隣に薬局併設。営業時間は9～18時。土曜日は午前中だけ。時間外の夜間、休日の間はリーズ市コールセンターでGPや看護師が当番制で対応する。

　電子カルテは英国で2004年から採用され、8,500人の患者の情報がすべて入っており、健康状態もデータ管理され、予防にも活用されている。高血圧にならないように予防する必要な措置を、カルテ情報を基に対応策をとり、改善効果がみられると診療報酬が入ってくる。NHSの活動を支える組織として医薬品や医療技術を評価する国立医療技術評価機構（NICE）がある。費用対効果の点から治療のガイドラインをつくる。その成果の評価も診療報酬に反映させる。

その意味では ICT 化は日本よりはるかに進み、活用されているが、澤医師ら GP が何より大事にしているのが患者との信頼関係である。それを築くためには、GP が専門医の治療を受けるかどうかを振り分ける「ゲート・キーパー」の役割を果たすと同時に、誰もが治療を受けられ、あらゆる問題に対応する「ゲート・オープナー」の役割を果たさなければならない。医師は家族や経済状態、生活歴も含め患者の生活全体を診る。「GP はソーシャルワーカーでもある」と澤医師はいう。日常の診療は予約制で、外来対応は 1 人当たり平均 10 分、4 人の GP が当番で予約外来に対応、1 人が予約なしの患者に対応する。

　プライマリケアを支えるのは GP だけではない。GP ナース（プライマリケア専門ナース）といわれる看護師である。GP と同様に個室も持ち、看護だけではなく一定の治療行為も担当する。予約の際に「GP と看護師のどちらの診療を望むか」を聞いて、看護師を望む患者に対応する。「Stuart Road Surgery」にも 3 人の看護師が GP ナースとして勤務する。5 年間のマスターコースを経て nurse practitioner として処方権を持つ。「マイナー外来」と呼ばれる外来を担当、咳や尿感染、糖尿病や避妊などあらゆる分野のプライマリケアを担う。

　さらに「Surgery」を支えるのは QOF（Quality and Outcome Framework）という成果に応じて支払われる成果制の診療報酬である。診療所に入る収入のうち、約 70％ が登録住民の数により支払われる人頭払いだが、残り約 30％ については、医療の質や成果で支払われる QOF で配分される。質や成果の評価に関しては、電子カルテのデータで把握し、例えば高血圧や糖尿病の管理、予防に成果を挙げている取り組みに対し、支払われる。

(3)　NHS 改革後の英国の医療

　ブレア政権、その後の連立政権による NHS 改革で英国の医療は確かに目覚ましく改善された。家庭医から紹介される 2 次、3 次医療への待機時間も、予約入院は 15 週間から 4 週間に減った。家庭医の紹介を経ての病院外来は 2 週間に減った。急性期は直ちに病院外来へ回される。こうした一連の NHS により、家庭医医療科 GP の人気は上昇、2014 年度は 3,400 の後期研修枠に 5,500 人の医師が応募。後期研修は全科で 8,200、GP 枠が 40％ を占める。開業している家庭医の平均年収は 103,000 ユーロで、他科とほぼ同水準である[19]。

4. 日本の地域包括ケアでプライマリケアをどう構築するのか

(1) 英国の NHS 改革から何を学ぶのか

　英国の NHS 改革を中心としたヨーロッパ主要国の医療制度、近年の改革から学ぶ点は少なくない。その1つはプライマリケア、第2次医療も含めて、医薬品や医療技術を評価する国立医療技術評価機構（NICE）により、費用対効果の点から治療のガイドラインをつくり、医療サービスの質を評価する仕組みを導入し、それを診療報酬に成果報酬として導入した点である。

　日本の医療は出来高払いが基本で、量としての評価はなされているが、その質を見、成果として評価する方式はとっていない。近年は急性期病院での入院等で包括払い、あるいは診断郡別包括払い方式が徐々に広がっては来たが、プライマリケアでは事実上ない。出来高払いは医薬品や医療技術の無駄も生じやすい。社会保障の中でも医療費は高齢化に伴い増え続けることは避けられないが、社会保障財政の危機的な状況を考えると、医療の質の評価、結果として医療費の抑制につなげるという意味においても、日本でも医療の標準化、質の評価をきちんと取り入れる時期に来た。質の評価といってもカルテの保管や活用、例えば地域別の人口統計や疾病パターンを分析し、医療ニーズ、課題を抽出し、適切な対応を取るということも含まれる。予防と保健は英国と同様、日本にとっても重要な課題である。

　英国に何より学ぶべきはプライマリケアの確立である。日本の医療は一枚の保険証があれば、いつでも、どこでも医療を受けられる、フリーアクセスである。国際的な医療サービスのコンセンサスは日本のようなフリーアクセスではなく一次的に受ける窓口の医療サービスで専門医（家庭医）を適切に配置することである。フリーアクセスがうまく機能するためにも、窓口の段階で専門医に診せるべきかどうかを振り分けるプライマリケアの専門医が不可欠である。そのためには専門性が求められる。英国の GP を見ても、そのための専門的な研修と実務を重ねてようやく GP になることができる。プライマリケアにおいて、こうした専門的な知識を持つ家庭医の判断、助言によって治療を決められる。

プライマリケアでの専門医が存在しない日本の医療の問題点は不明確な役割分担である。自由標榜制が基本であり、開業医はやりたいこと、掲げる診療科目は原則、医師に任せられている。澤医師は「医療の質が均質に確保されておらず、日本では必要以上の医療が不適切に提供されており、限られた資源が無駄に浪費されても仕方がない構造上の課題がある」とまで指摘する[20]。

(2) 日本でのプライマリケア確立の方策

日本でプライマリケアを担う専門医（家庭医）導入の機会は、1985年に旧厚生省内に作られた「家庭医に関する懇談会」だったことはすでに述べた。2年後の1987年に報告書をまとめ、その中で10項目にわたる「家庭医の機能」を示した。

① 初診患者に十分対応
② 健康診断及び指導
③ 医療の継続性を重視
④ 総合的包括的医療を重視、医療福祉関係者チームの総合調整
⑤ 適切な技術の水準
⑥ 患者を含めた地域住民との信頼関係の重視
⑦ 家庭などの生活背景を把握し、患者に全人的に対応する
⑧ 診療についての説明を十分にする
⑨ 必要な時にいつでも連絡がとれる
⑩ 医療の地域性を重視する

この10項目の役割を兼ね備えた「家庭医」の養成をその時にスタートさせておけば、プライマリケアの確立が日本でも可能だったのにと悔やまれる。

日本医師会の強硬な反対により、この報告書の提起が深まらないまま30年近くが経過した。日本医師会が主張する「かかりつけ医」は2000年に始まった介護保険制度の中で、要介護認定の際に認定の際、意見書（所見）を書く「かかりつけ医」として初めて制度上位置づけられた。ところが、「家庭医」としての専門性の裏付けもなく、患者との関わりも明確ではないために、所見を

書くだけの役割にとどまり、「かかりつけ医」は「家庭医」としてはほど遠いまま現在に至った。

　ようやく厚生労働省は2011年10月「専門医の在り方に関する検討会」を立ち上げて2013年4月報告書をまとめ、その中で専門医の認定制度を作り、総合的な診断能力を持つ総合診療専門医を19番目の基本領域として加えることとした。

　現在、日本専門医師制度評価機構が認定している18分野の基本領域の専門医は「総合内科」「外科」「精神科」「小児科」などがあるが、それに加えて、総合的な診断能力を持つ地域の医師を「総合診療医」と名付けた専門医として認定することにしたものである。1987年の「家庭医に関する検討会」報告で、家庭医として定義づけられた専門医がようやく30年経ち、改めて専門医として認められたことになる。そのための研修制度、それを認定する中立的な第三者機関が担うこととされた。今後は順調にいけば、今年度から専門医認定を希望する医師の募集を開始し、2017年度から専門医の研修が始まり、2020年度から第三者機関により認定が開始されるという。

　しかし、いくつかの課題が残される。

　ひとつは名前のわかりにくさである。

　すでにある総合内科専門医と混同されるおそれも多分にある。大学病院や地域中核病院では「総合診療科」が設置され、そこでの医師は「総合診療医」と呼ばれている。ここでの医師は地域のプライマリケアを担う医師とはもちろん違う。その区別が不明確なままプライマリケアを担う医師の養成がきちんとなされるのか。養成のためには専門医のための研修だけでなく、欧米のような医学部教育での専門医養成もしていく必要がある。

（3）　地域包括ケアにおけるプライマリケアの確立

　地域では地域包括ケアがようやく本格的に進められつつあるが、そのネックの1つは地域でプライマリケアを担う医師の不足である[21]。

　医療制度改革のこれまでの流れを振り返る。1990年代から2000年初めにかけ医療費は年平均4％、老人医療費は同7〜8％伸び続けた。大半は高齢化によるものだが、医療制度改革の立ち遅れが、それに輪をかけた。バブルがはじ

けて以降の長引く不況で、医療保険料収入も横ばいを続けたために、医療保険財政は 1990 年代の後半から危機的な状況に陥った。

　本格的な医療制度改革が始まったのは、06 年度からの医療制度改革関連法の成立を受けての医療制度改革であることはすでに述べた。厚生労働省の 06 年からの制度改正は、かつて老人病院と呼ばれた療養病床の削減により、社会的入院をなくす。その受け皿として、在宅で看取りもできる在宅療養支援診療所を新設するなどして在宅医療を強化、在宅での看取りをできる仕組みを作る。「病院で死ぬ」時代に終止符を打ち、在宅（住み慣れた地域での在宅に近い施設も含む）で安心してケアを受けられる[22]。

　これまでの老人保健制度に代わり、08 年度から始まった後期高齢者医療制度の大きな狙いは、急性期以外はできるだけ医療的ケアを減らし、高齢者の生活機能を重視した在宅ケアを介護と医療の両面からみていこうという点にある。

　さらに 08 年の「地域包括ケア研究会」（座長・田中滋慶大教授）は、地域包括ケアについて「ニーズに応じた住宅が提供されることを基本とした上で、生活上の安全・安心・健康を確保するために、医療や介護のみならず福祉サービスを含めた様々な生活支援サービスが日常生活の場（日常生活圏域）で適切に提供できるような地域での体制と定義する」とした。それを受け社会保障制度国民会議は 13 年 8 月まとめた最終報告書で「地域包括ケアの構築は団塊の世代のすべてが 75 歳以上となる 2025 年に向けて健やかに取り組むべき課題」として、25 年までの地域包括ケア構築に向けて 2015 年度から市町村が地域包括ケアの具体化をはかるため、① 在宅医療・介護連携の推進、② 認知症施策の推進、③ 地域ケア会議の推進、④ 生活支援サービスの充実・強化、を柱に介護保険改正をスタートさせた。

　この中で、要支援者を対象にした新たな市町村事業として「介護予防・日常生活総合支援事業」をスタートさせ、それを円滑に進めるために前年の 2014 年夏に「地域における医療と介護の総合的な確保を推進する」ことを目的に「医療介護総合確保推進法」を 2014 年に成立させた。要支援の高齢者だけでなく、在宅で 24 時間安心して暮らし続けるためには①の医療と介護の人材確保、連携は不可欠であり、そのための法律だった。

しかしながら、同法は「地域における医療と介護の総合的な確保を推進する」とあるが、市町村にとって医療と介護の確保がただちにできるわけではない。

　新たな基金の創設と医療と介護の連携強化などが柱で、それによる基盤づくり、条件整備は進められるが、在宅ケアを支える在宅医療について法的に確保させる強制力はない。依然として在宅医療を担おうとする医師は不足している。地域包括ケア、在宅医療に消極的な市町村医師会も少なくない。何より問題なのはプライマリケアの仕組み自体の構築が立ち遅れ、プライマリケアを担う専門の医師が育っていないこと、そのことが地域包括ケア構築の上で大きな障害となっていることである。

　地域包括ケアを進める上でのもう１つの障害は、住まいに加え医療・介護・保健福祉という総合的なケアを進めるにあたって、誰が責任をもってコーディネートしていくのかというキーマンの位置づけがあいまいなことである。英国のNHSを支える多職種連携の中心はまぎれもなくGPであることはすでに述べた。日本での地域包括ケアを支える要は、医療・介護のヒエラルキーをみると、その役割は地域の「かかりつけ医」が本来担うべきである。しかし、医師の側も地域もその意識はない。プライマリケアが確立されていないためでもあろう。

　さしあたって高齢化のピークを迎える2025年までに地域包括ケアを築いていくためには以下の要件が求められよう。

　プライマリケアの確立のためには、市町村で在宅医療を担う医師を市町村医師会に義務付けることである。現実に休日当番医制度は医師会としてその役割を担っている。地域包括ケアの構築、そのためのプライマリケアを担う専門医師が育っていない日本で、当面必要なのは、在宅医療を担う医師を地域医師会の責任で確保させることである。日本医師会も在宅医の養成のための研修を始めているが地域医師会の自主性にまかせずに、その確保を義務付けることを制度化させることが求められる。

　同時に地域の医師会に対して、昼間、夜間を問わず24時間の医療に関する相談窓口の設置を義務付ける。英国に限らず、ヨーロッパの家庭医制度をとる主要国は、専用の相談窓口が家庭医の中できちんと位置付けられている。英国

やオランダの場合の家庭医を見ると、まず電話相談で診察に来たほうがいいのかどうか、担当者（ほとんど看護師）が丁寧な聞き取りをし、振り分ける。

　日本の場合、病診連携といわれながら、フリーアクセスであるがゆえに病院と診療所との役割分担が不明確なうえに、電話相談の仕組みがなく、振り分けができないために「3時間待って3分間治療」という無駄な、非効率な医療サービスを結果として生んでいる。それを改善させるためには在宅医療へのシフトを法的に整備することが求められる。

　出来高払いを柱とした診療報酬体系の思い切った見直しも求められる。「在宅と予防」を柱とした06年度の医療改革関連法の成立以降、在宅医療にシフトさせる在宅加算、例えば在宅療養支援診療所を指定し、24時間対応ができる体制づくりや看取り加算を設け、在宅での看取り促進を図ってきたが、まだまだ不十分である。外来だけで勤め人より平均で4倍～5倍の年収があるといわれる開業医の状況を変え、在宅医療や地域包括ケアに取り組む医師が報われる診療報酬体系に変えていかないと、在宅医療を担う医師は増えない。

　最後に強調したいのは、新たな「公益の思想」を復権させ、定着させることである。地域包括ケアについて先進的な取り組みを進める市町村の1つである東京都武蔵野市は「まちぐるみの支えあいの仕組みづくり」という言葉に言い換えて、その取り組みを進めている。

　人類が初めて経験する日本の高齢社会は、行政だけでは財源的にも人的にも支えきれない。住民と専門職とが行政と一体になって支えあいのまちづくりを進めないと乗り切れない。それを進めていくための意識、価値観は「地域での支えあい」意識であり、それを持つためには、小松の言う「思いやりを持って手を差し伸べる公益の思想」[23]の共有である。同時に本人が家族の多くが高齢化し、高齢に伴うさまざまな障害を持つことは避けられなくなった、この時代にも「明日は我が身」という切実な現実を見据えて、「支えあう」という連帯の思想を持たざるを得ない時代になったということであろう。とりわけ医療・福祉は健康や命に関わるだけに、医師らの専門職は人間性を土台にした公益の思想が不可欠である。

（山路憲夫）

注

1) 葛西龍樹『医療大転換―日本のプライマリケア革命』筑摩書房、2013年。
2) 葛西、同上書。
3) 池上直己、J.C. キャンベル『日本の医療』中央公論社、1999年。
4) 同上。
5) 猪飼周平『病院の世紀の理論』有斐閣、2010年。
6) 山路憲夫「国民は在宅医療に何を求めているか」佐藤智・編集代表『明日の在宅医療：第一巻：在宅医療の展望』所収、中央法規、2008年。
7) 今井澄『理想の医療を語れますか』東洋経済新報、2002年。
8) 島崎謙治『日本の医療―制度と政策』東京大学出版会、2011年。
9) 水野肇『誰も書かなかった日本医師会』草思社、2003年。
10) 水野、同上書。
11) 山路憲夫『医療保険がつぶれる』法研、2000年。
12) 葛西、前掲書。
13) 葛西、前掲書。
14) 貝塚啓明、財務省財務総合政策研究所『医療制度改革の研究』中央経済社、2010年、医療経済研究機構、健康保険組合連合会編『国際共同研究・持続可能な医療保険制度をめざして』法研、2006年。
15) 葛西、前掲書。
16) 松本勝明編著『医療制度改革―ドイツ・フランス・イギリスの比較分析と日本への示唆』旬報社、2015年。
17) 澤憲明「これからの日本の医療制度と家庭医療」（社会保険研究所）『社会保険旬報』2489号～2513号、2012年3月～2012年11月。
18) 同上。
19) 澤憲明「これからの日本の医療制度と家庭医療　第三章　英国の医療制度と家庭医療」『社会保険旬報』2494号、2012年5月。
20) 同上。
21) 例えば東村山市が2015年に市内45の在宅介護支援事業所及び5地域包括支援センターを対象に実施した「在宅医療及び多職種連携アンケート調査」からもその一端がうかがえる。それによると、訪問診療を利用している要介護要支援の高齢者204人のうち、市内の医療機関の利用者は90人、市外の医療機関は114人。半分以上を他市の診療所医師らが担っていた。
22) 山路、前掲「国民は在宅医療に何を求めているか」。
23) 小松隆二『公益の時代』論創社、2002年。

あとがき

　「災害は忘れた頃にやってくる」のではなく、いつの間にか「災害は忘れないうちに繰り返される」ものになってしまったのだろうか。熊本地震のテレビ映像を見ながら、そう思った。そもそも、この公益叢書は、甚大な津波被害を生じたうえに、深刻な原発事故の引き金となった東日本大震災が日本の社会に突きつけた課題に対して、公益の視点から向き合おうとするところから始まっている。創刊号をはじめ、これまでの特集のタイトルに「東日本大震災後」を付してきたのは、それゆえであった。そして、この第四輯の刊行を待たずして、活断層のずれが生み出す熊本地震に見舞われてしまった。

　現代社会においては「自然災害」が「人災」によっていっそう甚だしく増幅されてしまう。それが、地震や洪水などによる大きな被害が各地で繰り返されるたびに、問い直される教訓でもある。しかも、日本社会の弱点のひとつは、教訓から学ばないところにあるという指摘は、災害をめぐる問題のみにとどまらない。公益への着目は、そうした弱点を克服する一歩としても位置づけることができるのではないだろうか。公益叢書がそこに繋がるささやかな働きかけとなるよう念じながら、編集作業を続けた日々であった。

＊

　この第四輯は、企業とその経営に対象を絞って公益の視点から論じた試みである。いわゆる営利企業はもちろん、公益事業、さらに公益法人などの非営利組織も取り上げ、また、経営者に関する論稿も含む。きわめて多彩な内容のため、1冊の公益叢書としては、いささかまとまりに欠けることになってしまった。とはいえ、第四輯を通じて、企業の「営利性」を相対化するとともに、その「社会性」を浮上させたなら、巻頭言のとおり、公益に関する専門的・総合的研究を目指す現代公益学会ならではの貢献といえるかもしれない、とあえて「あとがき」に記すことをお許しいただきたい。

＊

　今回の編集作業においては、執筆者皆様のご協力により、原稿の締切りに関しては、ほとんど督促なしで提出いただけたが、長文の力作が多かったために、読みやすさへの配慮もあって、何人もの執筆者に対し、再三、原稿の圧縮をお願いせざるをえなかった。この場をお借りして、ご無礼をお詫びするとともに、ご寛恕をお願い申し上げる。

（大森真紀）

資料 1

現代公益学会　活動報告

◎第 1 回　総会　2015 年 9 月 26 日（土）　早稲田大学

◎第 5 回　研究会　（第 1 回総会の前に、同じ会場で開催）
　「労働 CSR（企業の社会的責任）をめぐる国際的枠組み」
　　　　大森真紀氏

◎第 6 回　研究会　2016 年 3 月 12 日（土）　東京電機大学
　「企業や経営者が支援する公益法人に関する一考察」
　　　　中村元彦氏
　「黄経による季節区分と大気汚染の問題」
　　　　苗村昌彦氏

◎第 7 回　研究会　2016 年 6 月 25 日（土）　成城大学
　「問題提起：学会創設 4 年を経過して――公益学の新たな役割と課題」
　　　　小松隆二氏
　「市民社会組織としての NPO――サポートセンターの実践から」
　　　　安田尚道氏

　なお、理事会は第 6 回、第 7 回研究会の終了後、理事でない研究会参加者も出席できる拡大理事会として、それぞれ開催した。

公益叢書第二輯の紹介
　・全国公益法人協会『公益・一般法人』882 号、2014 年 12 月 1 日
　・大阪産業資料館　エル・ライブラリー HP　2015 年 1 月 24 日

公益叢書第三輯の書評・紹介
　・書評：柳澤敏勝氏『日本農業新聞』2016 年 3 月 13 日付け
　・書評：田中夏子氏『週刊読書人』2016 年 3 月 18 日付け
　・共著を語る：松岡公明氏『JA 総研レポート』2015 年冬号
　・ブックレビュー：(JA)『経営実務』2016 年 3 月号

公益叢書・現代公益学会の関連論稿
- 福士譲氏「風：公益学、震災後の動き体系化」『日本経済新聞』2015 年 4 月 15 日付け
- 小松隆二氏「労働組合の新しい課題と公益」
労働調査協議会『労働調査』2016 年 1 月号（特集：労働組合と「公益」）
- 小松隆二氏「公益の総合的研究の必要—現代公益学会の出発と課題」
公益法人協会『公益法人』2016 年 3 月号

資料2

現代公益学会　会則

2014 年 7 月 12 日制定
2014 年 9 月 20 日改訂

第1章　総　則
(名称)
　第1条　本会は、現代公益学会と称する。
(事務局)
　第2条　本会の事務局は、会員の総会の合議により決定する。

第2章　目的及び事業
(目的)
　第3条　本会は、公益法人、NPO法人、ボランティアなどの諸制度、諸活動、および公益学に関する調査・研究の促進と向上をはかる。とりわけ、先端的・創造的研究活動につとめるとともに、後進の育成をはかる教育的・啓蒙的活動を推進する。あわせて他分野や他領域との学際的な相互交流を深めることにより、公益学の研究ならびに公益活動の普及・啓発に資することを目的とする。
(事業)
　第4条　本会は、前条の目的を達成するために、次の事業を行う。
　　1) 公益叢書の刊行
　　2) 研究会等の開催
　　3) 他研究会、学会等との連絡及び協力
　　4) 後進の育成、市民への普及・啓発活動

第3章　会　員
(会員の資格)
　第5条　本会が目的とする公益学の研究及び発展に賛同し、理事会の承認を得た者は、本会の会員となることができる。
　　2　本会の会員は、事業に参加し、総会に出席することができる。
(会員の区分)
　第6条　本会の会員は、正会員、学生会員(大学院生)に区分される。
(入会)
　第7条　入会を希望する者は、本会所定の入会申込書を事務局に提出し、理事会

の承認を得なければならない。

   2　入会を希望する者は、本会会員　2名による推薦を受けなければならない。

（会費）

  第8条　会員は、理事会及び総会の定めるところに従い、叢書を購入しなければならない。

   2　年会費は、正会員4,000円、学生会員3,000円（いずれも叢書代金を含む）。ただし、研究会の参加者は参加費を支払うものとする。

   3　寄附等は受け入れる。

（会員資格の喪失）

  第9条　会員は、下記の事由により、その資格を失う。

   1）会員本人が退会届を提出したとき。

   2）本会の名誉を著しく阻害した等の事由により、理事会が退会を決定したとき。

第4章　機　関

（役員）

  第10条　本会の会務を遂行するため、次の役員を置く。

   1）会長　　1名

   2）副会長　　2名以上

   3）理事　会長および副会長を含め10名以上

   4）監事　　2名

（役員の選任）

  第11条　役員は、総会において会員の互選により選出する。

   2　理事より会長および副会長を選出する。

（役員の任期）

  第12条　役員の任期は、以下の通りとする。

   1）会長および副会長の任期は、2年とし　2期までとする。

   2）理事の任期は、2年とし、再任を妨げない。

   3）監事の任期は、2年とし、再任を妨げない。

（役員の役割）

  第13条　役員の役割は、以下の通りとする。

   1）会長は、本会を代表し、会務を統括し、理事会を組織し、総会を招集する。

   2）副会長は、会長を補佐する。

   3）理事は、本会の事業を遂行し、会長および副会長を補佐する。

   4）監事は、本会の会計及び会務の執行を監査する。

（理事会）
　　第14条　理事会は、会長、副会長および理事により構成される。
　　　2　理事会は、会長が招集する。
　　　3　監事は、理事会に出席する。
（公益叢書編集委員会）
　　第15条　本会に公益叢書編集委員会を置き、委員は　3名以上とする。
　　　2　編集委員長には理事があたる。
（事務局長）
　　第16条　本会に、事務を統括し、処理する事務局長を1名置く。任期は、2年とし、再任を妨げない。

第5章　総　会
（総会の開催）
　　第17条　本会は、毎年　1回以上、会員総会を開催する。
　　　2　総会は、会長がこれを召集し、次の事項を審議し、決定又は承認する。
　　1）本会の活動
　　2）役員の選出
　　3）決算
　　4）本会会則の改正
　　5）その他理事会の提案事項
（総会の議事）
　　第18条　総会の議事は、事務局長が進行し、会長及びその他の役員が必要に応じて事項について説明を行い、質疑に応じる。
（議決）
　　第19条　総会の議事は、総会における出席会員の過半数の賛成をもって決する。
　　　2　本会会則の改正は、総会における出席会員の3分の2以上の賛成をもって決する。

第6章　会　計
（経費）
　　第20条　本会の経費は、年会費、研究会参加費、寄附金、その他の収入をもってあてる。
（会計年度）
　　第21条　本会の会計年度は、毎年5月1日をもって始まり、翌年4月30日をもって終わる。

(決算の承認)
　第 22 条　事務局長は、監事の監査を経た決算書を総会に報告し、その承認を得なければならない。

第 7 章　事務局
(事務の統括と運営)
　第 23 条　事務局は、事務局長がこれを統括し、事務を遂行し、会員に便宜を供する。
(事務局所在地)
　2　本会の事務局を、以下の所在地に置く。
　〒157-8511
　　東京都世田谷区成城　6-1-20　成城大学経済学部　境 新一研究室内

附　則
　本会則は、2014 年 7 月 12 日から施行する。

資料3

公益叢書発刊の辞

（第一輯）

　阪神・淡路大震災および東日本大震災という2つの大震災を機に、公益および公益学は、その目的や理念、活動のあり方や方法、さらにその研究をめぐって再検証・再検討の必要に迫られている。

　資本主義社会にあっては、私益と公益、市場原理と公益原理の調和が不可欠である。競争原理を基本とする市場原理と私益のみでは、経済活動も市民生活も真の豊かさも、安定・安全・安心も得られない。社会の相互扶助・連帯・調和も容易には進まない。

　それほどに、全ての人が、経済活動のみか、公益活動にも意識はしなくても日頃から関わっている。豊かで調和のとれた社会ほど、公益の理念と活動が行きわたり、公益を主たる目的にする公益法人、NPO（法人）、ボランティアなど公益の諸団体も社会的に大きな役割を演じている。いわば「公益の日常化」「公益法人（NPOなども含む）の市民化」が進んでいるといえよう。

　東日本大震災の勃発は、改めて公益をめぐる日本的状況を浮き彫りにすることになった。甚大な被災・被害や混乱・混迷に直面するときこそ、公益の発露・実行が期待され、その実情が浮き彫りにされるからである。そこでは、市民の間には公益への関心が意外に強い状況、にもかかわらず、それが十分に活用されていない状況、さらに公益を本務とする公益の諸団体も、被災地や被災民に継続的に深く関わるには財政や人材面で力不足である状況が改めて確認された。また、公益を主たる研究対象とする団体の動きも鈍かった。公益研究を本格的にすすめるには、研究者の新しいつながりや新しい場の必要も認識させられた。

　それらを受けとめ、私どもは公益に関する新しい研究集団をつくること、それも形式だけを整えた旧来の学会方式ではなく、目的を共有し、それに向けて日頃から研究を深めあうことを共通の認識とする研究集団をつくることを考え

た。その議論のなかで、形式的な大会の開催などよりも、実際に研究の深化・水準の向上を図れる日頃の研究会活動を重視する研究集団の出発を確認しあったのである。

　その目標への第一歩として、まず研究センターを設立し、公益叢書を定期的に発行することにした。その第一冊目が本書である。この方式と研究センターで公益研究を深めあい、しかる後に新しい理念と目的をもつ学会を発足させることを予定している。

　このような対応・あり方こそ、公益をめぐる現在の状況に応えるものであり、また真に「公益の日常化」「公益法人の市民化」、そして「公益研究の本格化・高度化」をすすめるものと確信する。

2013年3月27日

　　　　　　　　　　公益（公益法人・NPO・公益学）研究センター

資料 4　公益叢書第一輯〜第三輯の紹介

東日本大震災後の公益法人・NPO・公益学　第一輯

●主要目次　　　　　　　　　　　　　　　　　　2013 年 7 月 25 日発行

　　公益叢書発刊の辞　　　　　　　　　　　　　　公益研究センター

　序　章　東日本大震災後の公益と公共、そして公益学
　　　　　―「公益の日常化」と「公益法人の市民化」に向けて―　小　松　隆　二

第Ⅰ部　東日本大震災後の公益法人のあり方

　第 1 章　公益法人改革に関わる誤解を解く「公益法人制度改革は税制改革」
　　　　　―東日本大震災の復興に関わる公益法人の活動等もふまえて民に
　　　　　　よる公益の増進を考える―　　　　　　　　　　　　佐　竹　正　幸

　第 2 章　公益法人及び NPO 法人の会計・監査（会計監査）の役割と責任
　　　　　　　　　　　　　　　　　　　　　　　　　　　　　　中　村　元　彦

　第 3 章　コーズ・リレーテッド・マーケティングを通した企業と公益の
　　　　　ありかた　　　　　　　　　　　　　　　　　　　　　世　良　耕　一

　第 4 章　政府系公益法人の不都合な真実　　　　　　　　　　　北　沢　　　栄

第Ⅱ部　東日本大震災後の公益・共創・まちづくりの課題

　第 5 章　東日本大震災被災地支援をどう進めるか
　　　　　―地域包括ケアと公益学の観点から―　　　　　　　　山　路　憲　夫

　第 6 章　東日本大震災からの回復・新生をはかる公益・共創のまちづくり
　　　　　―東北に理想の「山林文化都市」づくりの夢―　　　　小　林　丈　一

　第 7 章　東日本大震災と労働組合の社会的役割　　　　　　　　後　藤　嘉　代

　第 8 章　渋沢栄一と公利公益の哲学
　　　　　―近代日本のプロデューサーとその周辺―　　　　　　境　　　新　一

　　あとがき：新たな段階に入った公益学研究　　　　　　　　　大　森　真　紀

東日本大震災後の公益学と労働組合

第二輯

●主要目次　　　　　　　　　　　　　　　　　　　2014 年 9 月 30 日発行

現代公益学会の発足にあたって　　　　　　　　　　　現代公益学会

第Ⅰ部　東日本大震災後の公益法人および公益研究

第 1 章　日本における公益法人の市民化の軌跡
　　　　　―公益法人の市民化・地域化に向けて―　　　　小 松 隆 二

第 2 章　地域包括ケア構築の実践的課題
　　　　　―東京都国立市の取り組みからの検証―　　　　山 路 憲 夫

第 3 章　公的年金制度はいつまで持つか
　　　　　―新制度モデルは「税プラス積立方式」―　　　北 沢　　栄

第 4 章　現代の風評被害の構造―江戸時代との比較分析―　上 野 伸 子

第 5 章　一日一善運動を通して「公益心の芽」を育てる
　　　　　―沖縄県公立小学校におけるいじめ撲滅の実践報告―　新 垣 千鶴子

第Ⅱ部　東日本大震災後の労働組合

第 1 章　労働組合と市民社会―共益と公益をつなぐもの―　鈴 木 不二一

第 2 章　公益的労働運動とは―総評労働運動という経験―　篠 田　　徹

第 3 章　連合の非正規労働者等に関わる取り組み
　　　　　―地方連合会の運動を中心に―　　　　　　　　村 上 陽 子

第 4 章　非正規の声は聞こえるか―労働組合の社会的役割―　東 海 林　智

第 5 章　公益の担い手としての労働者自主福祉　　　　　麻 生 裕 子

第 6 章　静かに一大転換期を迎えた労働組合
　　　　　―職場から地域・社会へ、労使関係から地域・社会関係へ―
　　　　　　　　　　　　　　　　　　　　　　　　　　小 松 隆 二

あとがき：公益研究センターから現代公益学会へ　　　　大 森 真 紀

東日本大震災後の協同組合と公益の課題 　第三輯

●主要目次　　　　　　　　　　　　　　　　　2015年10月10日発行

　序　章　協同組合と公益法人・NPO法人　　　　　　　小　松　隆　二

第Ⅰ部　協同組合にとっての公益

　第1章　協同組合とプラットフォーム
　　　　　―参加・民主主義の再生産のために―　　　　松　岡　公　明

　第2章　協同組合の共益性と公益性　　　　　　　　　北　川　太　一

　第3章　協同組合とマルチ・ステークホルダー論　　　杉　本　貴　志

　第4章　社会的課題解決と協同組合
　　　　　―イタリアとイギリスの社会的企業からの考察―　境　　新　一

第Ⅱ部　協同組合が取り組む現代的課題

　第1章　震災復興と協同組合　　　　　　　　小山良太・千葉あや

　第2章　地域再生と協同組合　　　　　　　　　　　　小　林　　　元

　第3章　高齢者福祉と協同組合　　　　　　　　　　　濱　田　健　司

　第4章　協同組合と女性
　　　　　―協同組合活動を通してエンパワメントする女性たち―　藤　木　千　草

　第5章　貧困問題と協同組合　　　　　　　　　　　　志　波　早　苗

　第6章　佐久総合病院の医療・福祉事業による地域づくり　棗　田　但　馬

第Ⅲ部　現代における公益

　第1章　特定秘密保護法に公益性はあるか　　　　　　北　沢　　　栄

　第2章　再生可能エネルギーと公益　　　　　　　　　上　野　伸　子

　あとがき：協同組合学と公益学の連携　　　　　　　　境　　新　一

執筆者紹介

(執筆順)

小松　隆二（こまつ・りゅうじ）　第1章
　現在：白梅学園理事長・慶應義塾大学名誉教授。慶應義塾大学経済学部卒、経済学博士。主著『企業別組合の生成』お茶の水書房、『理想郷の子供たち―ニュージーランドの児童福祉』論創社、『大正自由人物語』岩波書店、『ニュージーランド社会誌』『現代社会政策論』『公益とは何か』論創社、『公益学のすすめ』慶大出版会、『公益の種を蒔いた人びと―「公益の故郷・庄内」の偉人たち―』東北出版企画、『新潟が生んだ七人の思想家たち』論創社、その他。

片桐　庸夫（かたぎり・のぶお）　第2章
　現在：群馬県立女子大学名誉教授。渋沢栄一研究会顧問。早稲田大学アジア太平洋研究センター特別センター員。1948年群馬県生まれ。1971年慶応義塾大学法学部卒。1973年同大学院法学研究科修士課程修了。1976年同博士課程単位取得満期退学。2002年法学博士。主著　渋沢研究会編『公益の追求者・渋沢栄一』山川出版社、1999年、『太平洋問題調査会の研究』慶應義塾大学出版会、2003年、*Hawai'i at the Crossroads of the U.S. and Japan before the Pacific War*, University of Hawai'i Press, 2008. 和田春樹、後藤乾一、木畑洋一、山室信一他編『岩波講座　東アジア近現代通史』第4巻、岩波書店、2011年、『民間交流のパイオニア　渋沢栄一の国民外交』藤原書店、2013年、その他。

足立　盛二郎（あだち・せいじろう）　第3章
　1944年生まれ、鳥取県出身。1968年、東京大学法学部卒業後、郵政省入省。同省・簡易保険局長（1998年）、総務省・郵政事業庁長官（2001年）、（財）簡易保険加入者協会理事長（2002年）、（株）ＮＴＴドコモ　副社長（2004年）、JSAT（株）顧問（2007年）、日本郵政（株）副社長（2009年）、（株）ゆうちょ銀行会長（2012年）を歴任。

三井　逸友（みつい・いつとも）　第4章
　現在：嘉悦大学大学院ビジネス創造研究科長・教授　横浜国立大学名誉教授。慶應義塾大学大学院経済学研究科博士課程単位取得退学（経済学修士）。駒澤大学経済学部講師、同教授、横浜国立大学大学院環境情報研究院教授を経て現職。日本中小企業学会元会長。主著『現代経済と中小企業』青木書店、1991年、『中小企業政策と「中小企業憲章」』花伝社、2011年、『21世紀中小企業の発展過程』（編著）同友館、2012年、『日本の中小企業研究　2000-2009』（編集代表）同友館、2013年、など。

大森　真紀（おおもり・まき）　第5章
　現在：早稲田大学（社会科学部）教授。慶応義塾大学大学院経済学研究科博士課程単位修得退学。経済学博士。社会政策専攻。佐賀大学（経済学部）、立教大学（経済学部）を経て、1996年から現職。特定非営利活動法人・日本ILO協議会会員（事業企画委員）。単著『現代日本の女性労働』1990年、『イギリス女性工場監督職の史的研究』2001年、『世紀転換期の女性労働』2014年、共編著『社会政策を学ぶ人のために』1997年（三訂版

2007 年)、『社会政策のなかのジェンダー』2010 年、など。

世良　耕一（せら・こういち）　第 6 章
　　現在：東京電機大学工学部人間科学系列教授。慶應義塾大学経済学部卒、ニューヨーク大学経営大学院修了。大和銀行（現りそな銀行）、函館大学商学部、北海学園大学経営学部を経て現職。主著『コーズ・リレーテッド・マーケティング：社会貢献をマーケティングに活かす戦略』（単著、北樹出版、2014 年、日本 NPO 学会第 13 回優秀賞受賞）、その他。

中村　元彦（なかむら・もとひこ）　第 7 章
　　現在：公認会計士・税理士、中村公認会計士事務所所長。千葉商科大学大学院会計ファイナンス研究科教授。日本公認会計士協会常務理事。慶應義塾大学経済学部卒、千葉商科大学大学院政策研究科単位取得退学、政策研究博士。太田昭和監査法人（現：新日本有限責任監査法人）に勤務後、独立開業。著書『目からウロコの公益法人 100 問 100 答　制度・会計・税務　改訂版』（共著、税務経理協会）、『基礎からマスター　NPO 法人の会計・税務ガイド』（共著、清文社）、『非営利法人の決算と開示ハンドブック』（共著、税務研究会）など。

北沢　栄（きたざわ・さかえ）　第 8 章
　　現在：フリージャーナリスト。慶應義塾大学経済学部卒。共同通信ニューヨーク特派員、東北公益文科大学大学院特任教授等を歴任。公益法人問題などで参議院厚生労働委員会、同決算委員会、同予算委員会、衆議院内閣委員会で意見陳述。2010 年 12 月「厚生労働省独立行政法人・公益法人等整理合理化委員会」座長として報告書を取りまとめた。著訳書に『亡国予算　闇に消えた「特別会計」』（実業之日本社）、『公益法人　隠された官の聖域』（岩波新書）、『官僚社会主義　日本を食い物にする自己増殖システム』（朝日選書）、中小企業小説『町工場からの宣戦布告』（産学社）、近著に『小説・非正規　外されたはしご』（産学社）、『リンカーンの三分間』（ゲリー・ウィルズ著・訳、共同通信社）など。

安田　尚道（やすだ・なおみち）　第 9 章
　　現在：常磐短期大学教授、常磐大学大学院兼任教授。慶應義塾大学大学院商学研究博士課程単位取得退学。開成高校、東邦学園短期大学を経て現在に至る。茨城地方労働審議会会長、個別労働紛争あっせん委員などを経て、現在、茨城県地方労働委員会委員。ひたち NPO センター・With You 代表理事ほか。著書、『持続的発展の経営学』唯学書房、『社会的排除と企業の役割―母子世帯問題の本質』同友館（塚本成美氏と共著）など多数。

上野　伸子（うえの・のぶこ）　第 10 章
　　現在：千葉工業大学非常勤講師。東京大学大学院総合文化研究科広域科学専攻広域システム科学系博士課程修了、学術博士。財団法人未来工学研究所（現在、公益財団法人）のシンクタンク業務に 26 年間携わったのち、退職（主任研究員）。主な論文に、「現代の風評被害―江戸時代との比較分析―」『公益叢書第二輯』2014 年、「食に関する論争のフ

レーミングと公衆の判断プロセスに関する研究」(博士学位論文、2012年)、「風評被害のメカニズム～不測の事態にどう対応するか」『宣伝会議』713号、2007年、「食品の風評被害と軽減対策」『技術と経済』457号、2005年、など。

山路　憲夫（やまじ・のりお）　第11章
　現在：白梅学園大学子ども学部教授。1970年慶大経済学部卒、毎日新聞社社会部記者、論説委員（社会保障・労働担当）を経て、2003年より現職。東京都福祉サービス運営適正化委員会委員、東村山市地域包括ケア推進協議会会長、NPO福祉フォーラムジャパン副会長など兼務。著書に『国民は在宅医療に何を求めているか』（「明日の在宅医療第一巻」所収、2008年、中央法規）、『医療保険がつぶれる』（2000年、法研）など。

公益叢書
第四輯
東日本大震災後の公益をめぐる企業・経営者の責任

2016年9月30日　第1版第1刷発行　　　　　　　検印省略

|編　者|現　代　公　益　学　会|
|発行者|前　野　　　隆|

発行所　株式会社 文眞堂
東京都新宿区早稲田鶴巻町533
電話 03（3202）8480
FAX 03（3203）2638
http://www.bunshin-do.co.jp
郵便番号(162-0041)振替00120-2-96437

印刷・モリモト印刷　製本・イマキ製本所
© 2016
定価はカバー裏に表示してあります
ISBN978-4-8309-4914-2　C3036